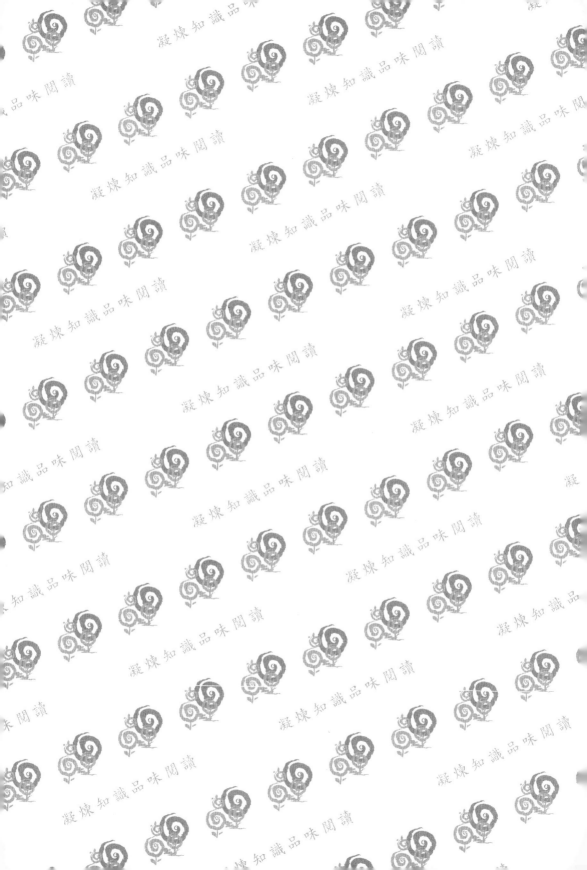

臺灣現代教育家的故事

兼論對教師專業與教學輔導教師的啟示

張德銳　著

五南圖書出版公司 印行

謹以本書紀念臺北市教學輔導教師制度實施二十週年

推薦序

　　本書作者張德銳教授，長期關注師範教育課題，從師資職前培育階段，延伸到實習導入階段及在職教師專業發展階段。並持續致力於臺北市教學輔導教師制度的建立，已逾二十年。作者於 2020 年根據自己過去親身經驗，選擇中西近現代教育史上各六位重要教育家，分別敘述其生平、重要教育事蹟與思想，再進一步揭示其值得學習借鑑處，以及對於「教學輔導教師制度」的啟示，撰成《中外教育家的故事：兼論在教師專業與教學輔導教師制度的啟示》大作，揭櫫中西理想教師的圖像，以供師資生作為典範。

　　今再續前志，選擇我國近、現代史上十二位重要教育家，敘說他們生平故事、教育事業及教育理念或學說，然後再闡釋對於我國教師專業與教學輔導教師制度的啟示。本書所選十二人對我國近、現代教育都有相當的貢獻或影響，特別是中央政府遷臺後的教育，影響甚大，範圍從高等教育、社會教育、幼稚教育、特殊教育到教育改革，特別是作者所關注的師範教育。

　　從這些教育家的故事中發現幾項共通點，他們之所以會受後人尊為教育家，不僅是在學術上有所成就或貢獻，更在教育實踐與教育革新上奉獻心力，特別是在動盪的時局下，他們不是獨善其身，而是願

意兼善天下。其中幾位在臺成長及養成的教育家,由他們的生命故事中發現,兒時都是在十分艱困的家境下,靠個人的努力發憤向上,藉由國家師範校院所提供的公費管道,才能向上流動。而在他們的成長過程中,都曾遇到生命中的貴人(老師)協助及指點迷津。一旦自己有成就後,就更以加倍的力量來協助後進,成為更多人生命中的貴人。此充分體現出教育愛的精神,「教育是成己成人志業」的理念。

在西方各國所制訂的教育專業標準中,多注意對教師專業知識與能力的要求,亦即側重「經師」面;對於專業態度與精神的關注,亦即「人師」面,卻少之又少,遑論教育愛的培育。然而「人師」的培養,則一直是我國理想教師的圖像之一,也列為當前師資培育的重點,但如何培養則是一大難題與挑戰。而借鑑典範教育家的生平故事,提供師資生學習效法的對象,由感性面入手,則是一條可行之圖。本書的問世,當有助於達此目的,且也對建構我國「教學輔導教師制度」的理論架構,有所助益。

周愚文

謹識於國立臺灣師範大學教育學系
中華民國 110 年 3 月 6 日

自　序

　　追求好老師的境界，是杏壇共同的理想，然一位經師與人師兼備的好老師，除了要有心理學與社會學的基礎外，教育哲學與教育史的基礎也是相當重要。有了教育哲學的啟迪，教師才能認清教育的本質，而不會受不當教育現象的宰制；有了教育史的薰陶，教師才能鑑往知來，對教育的改變、發展與進步，掌握其關鍵因素。很可惜的，在當今師資職前培育與教師專業發展歷程中，教育史並未獲得應有的重視，以致影響現代教師普遍缺乏史學素養，這是相當令人遺憾的事。

　　有鑑於此，筆者在寫完《中外教育家的故事——兼論在教師專業與教學輔導教師制度的啟示》一書後，乃著手從事本書的撰寫工作。在選擇傳主的時候，筆者認為我們應該不分省籍、種族之別，舉凡對於中華民國在臺灣這塊土地有貢獻之人，都應給予高度的評價。另傳主的選擇亦考慮資料的取得問題，許多筆者想要撰寫的傳主，限於資料的取得困難，例如缺乏年譜資料，只好忍痛割愛。

　　另筆者近三十年來的研究與推廣工作，主要聚焦在「教師專業」與「教學輔導教師制度」兩面向。筆者堅信教師專業係現代教師生存與發展之道。然而教師專業在當前受到政治力的介入以及民粹化的影

響，有日趨式微之虞，筆者深以為慮，故將教育家的傳記與教師專業做連結。

教學輔導教師制度係歐美先進國家一個被普遍推展的實務，用以有效實施初任教師導入輔導，並促進資深教師專業成長。而在我國除用於初任教師輔導之外，亦兼及新進教師、自願成長教師以及教學困難教師的啟導。筆者堅信教學輔導教師制度的推廣，是有利於我國的師資培育與教師專業發展的，故又將教育家的傳記與教學輔導教師做連結。

本書問世欣逢臺北市教學輔導教師制度實施二十週年，謹向推動教學輔導教師制度的歷任局長吳清基、吳清山、康宗虎、湯志民以及現任局長曾燦金、副局長洪哲義、陳素慧、主任祕書吳金盛、科長李素禎與諸多長官和承辦人致敬。另外，要感謝數十位師培大學的教授們擔任訪視諮詢委員，以及二十年來，推動本制度的數百所學校和數千位教學輔導教師，由於您們無私的奉獻，本制度得以繼往開來，綿延不絕。

本書是在筆者身體不盡理想的狀況下撰寫而成。筆者未曾料到晚年竟會因一個不該進行的膝關節鏡手術而行動不便，要到圖書館蒐集資料，有些吃力；又因耳鳴，在讀書與撰寫時較難專心致志。但居於使命感，還是要把本書完成，以無愧於短促的人生。但是，由於筆者並非教育史學家出身，書中所秉持的觀點無法廣博深入，且不一定正確明智，還請各位先進不吝指正。

本書得以完成，要深深感謝周愚文教授、張芬芬教授與丁一顧教授的審稿並提供修正意見。丁一顧教授亦協助安排審稿等相關經費，本人深表感謝。臺北市西湖國中退休校長劉榮嬋女士，協助潤飾文稿。何宥萱助理協助出版等事宜，亦表謝忱。

臺北市立大學、輔仁大學退休教授

張德銳 謹識

中華民國 110 年 5 月 15 日

目　錄

Contents

目　錄

Contents

目　錄

1

蔣夢麟　有魄力有擔當的教育家

一、前言

蔣夢麟先生（1886-1964），係我國近現代史上著名的教育家、農業改革家。蔣夢麟學貫中西，心懷教育興國，倡導新教育思潮，並在民國初年政治動盪的時局中接任北京大學校長，任期內展現無比的魄力和擔當，整頓校務，使得北京大學的教學和研究有穩步的上升。來臺後，長期擔任中國農村復興聯合委員會主任委員，對於推展農村建設、農業教育之推廣，貢獻良多。是故，先簡述其生平事蹟，再說明其教育學說，最後再闡述其生平事蹟與學說對教師專業與教學輔導教師的啟示。

二、生平簡述

依據陳憲民（1999）、孫善根（2004）、鄭貞銘與丁士軒（2019）的論述，蔣夢麟先生的生平可以簡述如下：

（一）出生殷實人家，學貫中西

蔣夢麟，原名夢熊，字兆賢，號孟鄰。生於清光緒 11 年（1886）浙江省餘姚縣蔣村。祖父蔣斌潤、父親蔣懷清，皆以錢莊為業，累積一定的家產，成為姚西一帶的殷實富戶。蔣懷清治家有方，又熱心公益，頗受鄉人所敬重。

蔣夢麟六歲進入私塾接受中華文化傳統教育，蔣夢麟雖然不喜歡，甚至恨透了刻板的私塾教育，但私塾教育也帶給他扎實的國學基

礎及以四書五經為立身處世之道，並為他未來從事中西文化與教育的比較研究，奠定良好的基礎。除了私塾教育外，他也喜歡聽村裡的大人說故事，並且擅長觀察花草蟲鳥等大自然的事物，對於不懂的東西，他總是要打破砂鍋問到底，養成求學問的習慣。

1897 年，蔣夢麟十二歲進入紹興中西學堂開始接觸西方文化，與時任中西學堂監督（校長）的蔡元培（1868-1940），有了師生之誼，一生甚受蔡氏之器重與提攜。1903 年參加科舉「郡試」考試，錄取餘姚縣學附生（即秀才）。然而，蔣氏放棄接受傳統的秀才教育，取而代之的是選擇就讀浙江省立高等學堂，目的在於接受新式教育，因為他深知無論是立憲或者是革命，西方的潮流已經無法抗拒了。在浙江高等學堂，他的學問有很大的進展。1904 年暑假，蔣夢麟考入上海南洋公學（交通大學前身），想給自己打好基礎，以便到美國留學。

1909 年，蔣夢麟以自費留學美國柏克萊加州大學（University of California, Berkeley），選擇進入農學院就讀，因為他認為中國以農立國，只有改進農業，才能使中國富強，另一方面也受到童年鄉村生活的影響，使他對大自然有著一份情感。

其後，因深感政治和社會是農業問題的根本，要從根本上著手，才能徹底解決中國的問題，乃抱持著教育救國的情懷，轉入社會科學院研讀教育學門，並於 1912 年的 6 月以優異的成績畢業，獲文學士學位，並獲得名譽獎。畢業後隨即進入紐約哥倫比亞大學師範學院，師從杜威（John Dewey, 1859-1952）進行修業，五年後順利以畢業論文《中國教育原理之研究》（A Study in Chinese Principles of

Education）取得該校哲學博士學位，結束了他的學生生涯。該論文係中國教育史上，最早運用西方學理考察、分析中國歷代教育原則、強調個人權利的重要性和個性發展的積極性之一本專書。

（二）傳播革命，結識孫中山先生

蔣夢麟在國內求學階段，特別是在浙江高等學堂即已閱讀宣傳革命的書刊，革命思想逐漸萌芽，在美國求學時，開始熱衷革命思想的傳播。曾擔任國父孫中山先生（1866-1925）在舊金山的革命機關報《大同日報》社論主筆三年，與革命黨人士相與往還，並因此得以謁見孫中山，深受孫中山先生的人格魅力所吸引，由此開始他們兩人終生的友誼。孫中山先生認為蔣夢麟未來定是一位傑出的教育家。

（三）學成歸國，倡導新教育

獲得博士學位後，蔣夢麟對於留在美國或者回國，一度猶豫不決。最後，因為對國家的責任感，他選擇回國服務，報效國家。

1917年，蔣夢麟學成歸國的第一份工作是擔任商務印書館編輯並兼任黃炎培（1878-1965）所主持的江蘇省教育會理事。儘管他在商務印書館的時間並不長，但是對於譯書一事傾注了很大的熱情，努力引進西方學術，來改善我國的教育，特別是高等教育。

在江蘇省教育會理事任內，出任該會所創辦的中華職業教育社的專職總書記，並擔任該社機關刊物《教育與職業》主編。此外，亦組織「新教育共進社」，擔任《新教育》月刊主編。《新教育》以「養成健全之個人，創造進化之社會」為創辦宗旨（這也是蔣夢麟的終極

理想），宣揚杜威教育思想，並廣泛介紹歐美教育制度，倡導平民主義，主張以歐美新教育爲模式，來改造中國的舊教育。出刊以來，深受教育界和知識界的歡迎，發揮很大的影響力。該刊與陳獨秀（1879-1942）所主編的《新青年》雜誌南北呼應，是宣傳新文化運動的一份重要刊物。

　　1919 年 5 月，杜威來華講學兩年兩個月，蔣夢麟對杜威的到來，高度的重視，他不僅在上海陪同杜威講學，還陪同其赴外地講學遊歷。例如 1919 年 5 月 3 日下午，杜威到江蘇省教育會講「平民主義的教育」，即由蔣夢麟作翻譯。另在《新教育》出版杜威學說的專刊。杜威訪華期間，他陪同杜威拜會當時寓居上海的孫中山，杜威與孫中山兩人對於「知難行易」的問題有深入的討論。

（四）受蔡元培器重，三度代理北大校務

　　1919 年，愛國學生爆發五四運動，北京大學校長蔡元培因爲北洋軍閥政府逮捕示威抗議學生事件而請辭，然因受北大師生及社會各界的強力挽留，蔡元培同意復職，但由於身體狀況不佳需在南方養病，遂在是年 7 月，蔡元培委託其學生蔣夢麟，代表蔡元培個人至北京大學執行校務。是年 9 月，蔡元培復職北大校長，蔣氏被轉聘任爲該校教育學系教授兼總務長。1920 年 10 月，蔡元培奉派赴歐美考察教育，再委任蔣夢麟代理校務。1923 年 1 月，蔡元培因教育總長彭允彝（1878-1943）干涉司法，憤而三度離校，再委請蔣夢麟代理校長職務。

　　蔡元培曾經坦誠地說：「綜計我居北京大學校長的名義，十年有

半；而實際在校辦事，不過五年有半。」當蔡元培離開學校期間，代為處理學校各項主要事務的，經常就是蔣夢麟，而蔡元培之所以器重蔣夢麟，除了因為與蔣夢麟具有師生之誼外，另外還有兩個原因：其一，蔣夢麟回國後特別是在主編《新教育》時所表現出的才能與教育主張，使得蔡元培大為欣賞；其二，此時與蔡元培接觸較多的國民黨總理孫中山對蔣夢麟亦十分看重。

（五）致力教育行政，擔任教育部長

1927 年 4 月，蔣夢麟擔任浙江省政務委員會委員兼浙江省教育廳長，開始了他的黨政生涯。之後，蔣夢麟陸續受聘任為浙江省政府委員、浙江第三中山大學（即國立浙江大學前身）校長等職務。1928年 10 月，行政院特任蔣夢麟為大學院院長（首任院長為蔡元培），該院隨即改制為教育部，並由蔣氏擔任教育部長。另外，1936 年，蔣夢麟受任成為「北平圖書館委員會」委員長。

（六）長期擔任北京大學校長，自嘲「北大功狗」

蔣夢麟任期最長、最有成就的工作，還是在北京大學的革新與發展。1930 年 12 月，中國國民黨中央執行委員會政治會議第 252 次會議決議，正式聘任蔣夢麟為北京大學校長。蔣夢麟就任期間致力營造北大成為高等教育學術中心，主持北京大學校務長達十五年之久，創該校擔任校長職務最長之紀錄。

蔣夢麟正式接掌北大時，此時的北大經過軍閥連年混戰的摧折，已是一個「爛攤子」，由於經費拮据，教授四處兼課，往往一人每週

兼課到四十小時之多，不但教學品質堪虞，教授的學術研究也幾近於停擺。

雖然蔣夢麟在辦學上，是繼承蔡元培「兼容並包，思想自由」的辦學精神，但是由於這兩個辦學特點，產生出「紀律弛，群治弛」的兩個缺點，蔣夢麟將學術興衰與社會進步相提並論，致力於「整飭紀律，發展群治，以補本校之不足」。上任之初，他即叮囑文、法、理三個學院的院長：「辭退舊人，我去做；選聘新人，您們去做……放手去做，向全國挑選教授與研究人才。」1934 年國文系許之衡、林損被解聘，當時鬧得沸沸揚揚。林損還寫信大罵蔣夢麟和胡適，後來還把事情張揚到媒體，但是蔣夢麟還是不改其革新北大的心志。

蔣夢麟重掌北京大學，把校長的治校權力運用得淋漓盡致，他明確提出「教授治學，學生求學，職員辦事，校長治校」的辦學方針。他自評生平待人處事全憑「三子」：「以孔子做人，以老子處世，以鬼子辦事」，意思是說以「洋鬼子」的科學務實精神來做事。因此，胡適讚揚蔣夢麟是一位「有魄力，有擔當」的校長。

蔣夢麟雖然照顧學生、愛護學生，但他一貫不主張學生參加政治運動，他認為未成年的一代人應該有安心求學的權利，俾將來能承擔救國的重任。在蔣夢麟擔任校長的七年裡，北京大學只發生過一次學生運動。蔣夢麟曾回憶說：「一度曾是革命活動和學生活動漩渦的北大，已經逐變轉為學術中心了。」正是在蔣夢麟用心的治理下，即使在風雨飄搖的戰亂年代，北大的教學和研究也有穩定的進步，實在是一件相當不容易的事。

蔣夢麟在北大的「有所為」，把握了北大的航向，為西南聯大的

成功奠定了基礎，而他在西南聯大的「有所不為」則成就了三校九年的「強強聯合」，不但是中國近現代知識分子精神與教學上團結合作的縮影，也是三校能摒除門戶之見，攜手合作，成為我國教育史上一大佳話。

1938年，北京大學、清華大學、南開大學三校遷入昆明，從「國立長沙臨時大學」，正式改名為「國立西南聯合大學」，蔣夢麟以北京大學校長職位任西南聯大三位常務委員之一（另二位為梅貽琦和張伯苓）。三校合併時，難免人心不齊，但凡是遇到爭利益時，蔣夢麟總是選擇退讓，讓主政的梅貽琦校長能無後顧之憂，全心全力的辦學。

1945年8月，蔣夢麟辭去北京大學校長，同時退出西南聯大。胡適繼任北大校長，胡適未歸國期間，由傅斯年代理。中央政府遷臺後，在某次北大週年紀念會時，傅斯年在演講時說：「蔣夢麟先生在學問上比不上蔡元培，但在辦事上卻比蔡元培高明，而我自己在學問上比不上胡適，但在辦事上卻比胡適高明。」蔣夢麟聽後，忙笑著說：「這話對極了，所以他們兩位是北大的功臣，而我們兩個人不過是北大的『功狗』。」

（七）渡海來臺，從事農業發展

蔣夢麟一生的最後十七年是在中國農村復興聯合委員會（Sino-American Joint Commission on Rural Reconstruction，簡稱農復會）的崗位上度過的。1948年10月1日農復會在南京正式成立，蔣夢麟被推選為主任委員。1949年8月，農復會播遷來臺。是年10月，蔣

夢麟飛抵臺北繼續主持農復會以推動會務。

農復會在蔣夢麟主政下，對臺灣農業的發展有著非常卓著的貢獻，成爲推動 50、60 年代臺灣社會經濟起飛的重要因素。蔣夢麟在此時期的主要貢獻有四：其一，協助臺灣省政府在中央政府遷臺後八年內完成「三七五減租」、「公地放領」、「耕者有其田」的土地改革政策，實現了農業生產的公平分配；其二，以科學方法增加農業生產，以糧食生產來說，到了 50 年代末，臺灣不僅實現糧食自給自足，而且每年平均可以出口大米 15 萬噸；其三，1958 年 8 月出任石門水庫建設委員會主任委員，全面負責這一對臺灣農業具有全面影響力的水利建設項目；其四是提倡與推動人口節育工作，其人口節育的主張當時雖然遭到立法委員及輿論的圍剿，甚至有「殺蔣夢麟以謝國人」之口號，但是蔣夢麟還是擇善固執，不畏重壓，堅持其具有遠見的主張。

農復會復興臺灣農村社會的鉅大成功，引起國際社會的廣泛關注，非洲和東南亞國家紛紛派代表來臺灣取經，同時自 1959 年起，農復會開始派技術員援助友邦國家。正是由於蔣夢麟在臺灣農村復興方面的傑出成就，他於 1958 年獲得「麥格塞塞獎」（Ramon Magsaysay Award）中的首屆政府服務部門獎。

（八）哲人日已逝，典型在宿昔

1964 年 6 月 19 日，蔣夢麟病逝於臺北榮民總醫院，各界對其生平事蹟追憶之文章刊載紛紛見於報章雜誌與期刊，例如：《中央日報》刊有羅家倫之〈蔣夢麟先生略傳〉、《台灣新生報》社論之〈悼

蔣夢麟先生〉等。是年 10 月 17 日，蔣中正總統頒發褒揚令，表揚蔣夢麟在大陸與臺灣時期戮力於教育及農村復興等政務上的卓越貢獻。1977 年《仙人掌》雜誌的第六期封面刊登了蔣夢麟的大幅照片並配以〈平易近人的改革者蔣夢麟〉的長文，高度評價蔣夢麟的歷史功績。

三、教育學說

蔣夢麟主張要改良政治，先要改良社會；要改良社會，先要提倡科學、學術、思想等，也就是教育（陳憲民，1999）。可見蔣夢麟對於教育、社會、政治三者的關係是：教育發達是社會改良的先決條件，而社會改良又是政治發展的先決條件。

教育目的既是在促成社會進化，所以，一切教育的方法、內容、對象等，皆需以創造進化之社會為依歸。而要達成社會進化的目標，只有透過「個性教育」和「平民教育」才能達成之（陳憲民，1999）。

在「個性主義」（individualism）的教育上，蔣夢麟主張個人素質與潛能的全面提升，讓每個人的思考能力、體能發育、美感、道德情操等特質，都能經由教育的過程，發展到極致。教育要以尊重個人為前提，是解決社會問題不可或缺的條件；社會改革的動力，來自於個人素質的全面提升（陳憲民，1999）。另個性教育的實施，要以學生生活經驗為起點，激起學生的學習好奇心；允許學生自由思考、自由批評，養成自由判斷的能力。

在「平民主義」（democracy）的教育上，蔣夢麟主張教育要以人民爲主，而不是傳統的統治者視萬民若群羊，用牧民政策的「牧民教育」。教育要普及全民，而不是少數菁英分子才能享有。另平民主義教育，必須從三個方面去努力：其一，要「養成獨立不移之精神」，改變過去那種萎靡不振、依賴成性的惡習；其二，要「養成健全之人格」，改變以往「好學者讀書，讀書愈多，而身體愈弱」的傳統；其三，要「養成精確明晰之思考力」，改變過去「凡遇一事，或出於武斷，或奴於成見，或出於感情」的毛病，和喜歡用「差不多」來判斷事物的習慣（百度百科，2021）。

在職業教育上，蔣夢麟認爲職業教育固然需要，但如果以爲除了職業教育之外就沒有其他教育，或者說所謂教育就是職業教育，那就是大錯誤。爲了避免這種錯誤觀念，他指出：一個國家或一個社會在職業問題之外還有許多問題，它最終還需要通過文化教育來解決，這就是普通學校應該承擔的功能（百度百科，2021）。另職業教育好比房屋，普通教育好比地基，倘若等到高屋建成，才發現地基不穩，就來不及了。

在高等教育思想上，蔣夢麟基本上是繼承其師蔡元培的思想，但是在相同中也有所差異。鄭德全（2010）指出兩者相同的部分是：(1)蔡元培高舉「兼容並包，思想自由」的大旗改造舊北大，蔣夢麟謹尊師規，堅守「兼容並包，思想自由」的餘緒；(2)蔡元培念念不忘「大學者，研究高深學問者也」，蔣夢麟則竭力維持學術至上；(3)蔡元培勾勒「教授治校，民主管理」的藍圖，蔣夢麟完善了這種體制。蔡、蔣二氏兩者之不同則在於蔣夢麟比較完善地處理了蔡元培時代

那種過於理想化和自由化的傾向，注重學術與實用、自由與管理這兩者之間的關係。另外，由於蔣夢麟更重視科學發展所帶來的進步與繁榮，因此，他比較注重文理科之間的協調發展，使得在他主政下的北大朝著健康和積極的方向發展。

四、對教師專業的啟示

綜觀蔣夢麟先生的事蹟與思想，有許多值得臺灣教育界學習的地方。首先，秉於「大學自主」與「教授治學」的理念，教育行政機關應重視、倡導學校本位管理和教師的專業自主權。「學校本位管理」（school-based management）係目前盛行於歐美、紐、澳、加拿大等先進國家的一種強調由下而上的管理過程或實務；一方面讓學校有更多的人事、經費、課程決定權，來滿足各學校不同的條件和需求，另一方面授權教師，賦予教師專業自主權，來設計符合學生學習需要的教學方案。再者也鼓勵家長的參與和合作，讓教育改革的腳步加速、效果彰顯（黃昆輝、張德銳，2000）。

對於校長而言，要像蔣夢麟一樣，做一位有魄力有擔當的校長。對於校務，要充分發揮治校的權力；對於正確的事，要擇善固執，有所作為，使學校得以朝穩定而正向的方向發展。另外，不但要有民主管理的態度，使得教職員生和家長得以參與校務，而且更要有科學務實的精神，來提高學校的辦學績效。

對於現代教師而言，蔣夢麟的思想與事蹟也有許多的啟示。首先，教師要有教育的熱情，以「教育興國」為職志。有了教育熱情，

才能「學不厭，教不倦」；有了教育興國的職志，才能以教育為事業，把每位學生都帶上來，進而培養學生成為棟樑之材。

在個性主義教育方面，教師宜尊重學生個人的學習特性與興趣，因材施教，並謀求學生思考能力、體能發育、美感、道德情操等面向的全面發展。這種尊重學生個人價值以及全面發展的教育理念，正是全人教育、多元智慧教學，以及現今十二年國教新課綱所強調的素養導向教學之理念。

在學生的認知發展上，蔣夢麟特別強調學生要能自由思考、自由批評、自由判斷。這樣的說法，是非常適用於現今資訊爆炸的時代。現今的社會，知識取得並不是難事，困難的是如何在資訊過分負荷的時候，能有選擇知識、判斷知識真偽、應用知識、創造知識的能力，而這些能力的養成，有賴學生在學習過程中，時時自由思考、自由批評、自由判斷，久而久之，便養成了這些習慣和知能。

個性主義的教育要以學生生活經驗為起點，才能激起學生的學習興趣。在生活中學習，並把學習結果加以應用解決生活問題，才是「活教育」。死記硬背的學習方法，是「死教育」，往往會流於「好學者讀書，讀書愈多，而身體愈弱」的弊病，造成「讀死書，死讀書，讀書死」。反之，在生活中學習與應用的教育才是「讀活書，活讀書，讀書活」的教育，這也是杜威「教育即生活」的真諦。

在平民主義教育上，教育要以人民為主，要普及全民，而不是少數菁英分子才能享有。特別是對於處於社經文化背景弱勢的兒童，教師更要關照他們，更要全力扶植他們，使得這些兒童有教育均等的機會。這樣的作法才是真正符合孔子「有教無類」以及美國「不讓任何

孩子落後法案」（No Child Left Behind Act of 2001）的理念。

在職業教育上，職業學校的老師固然要培養學生能「操一技之長而藉以求適當之生活」，但是這種在職業上的專長訓練宜建基於普通教育之上，換言之，宜讓學生先有通識能力，再培養學生的一技之長，才是較正確的教育作為。

無論蔣夢麟所主張的平民主義或者個人主義的教育，其教育理想係在於「養成健全之個人，創造進化之社會」。換言之，以改變社會，促進社會發展，才是蔣夢麟的終極理想。據此，教師宜培養學生具有服務社會、改造社會、建構一個更美好社會的認知與情操，而要培養這些情操，最好由學生的生活經驗做起，例如帶領學生參與社區美化環境工作、淨山或淨灘活動。

五、對教學輔導教師的啟示

蔣夢麟的事蹟與思想，對「教學輔導教師」（mentor teacher）亦有許多啟示。首先，就如同蔡元培是蔣夢麟生命中的貴人一樣，教學輔導教師亦可以是初任教師、新進教師、自願成長的教師、教學困難教師等人生命中的貴人，而這些受輔導對象（總稱為「夥伴教師」），和教學輔導教師有著夥伴協作的關係，而教學輔導教師更能發揮貴人啟導的功能。

作為一位教學輔導教師，除了要具有教學輔導的知能與技巧之外，更重要的是要有教學輔導的熱情。有了這個熱情，才能「歡喜做，甘願受」，善盡薪火相傳的神聖使命。

在教學輔導的過程中，教學輔導教師要秉持「個性主義」，了解與尊重夥伴教師的學習特性與興趣，「因材施導」，並謀求夥伴教師在課程與教學、班級經營與親師溝通、人際適應上的全面發展。唯有夥伴教師能全面發展，才能建構一個更美好的「教育社群」（educative community）。

在教學輔導策略上，教學輔導教師要秉持「平民主義」的精神，採用民主式、參與式的作法，和夥伴教師協同合作與成長。除非情境需要（例如夥伴教師服務熱忱不高，缺乏思考及解決問題能力），應儘量少用「指導式」（directive）的風格，而宜多用「合作式」（cooperative）和「非指導式」（non-directive）的風格。

在教學輔導方法上，除了與夥伴教師共同參與研習與進修之外，更重要的是協助夥伴在「做中學」，亦即從夥伴教師的實際教學生活著手，進行對話與反省，這樣才能協助夥伴教師解決其教學問題並增進其教學能力，這便是「實踐本位教師學習」（practice-based teacher learning）的真諦。

教學輔導教師除了幫助夥伴教師解決教學問題外，亦要協助夥伴教師能自由思考、自由批評、自由判斷。當夥伴教師能自主學習、能有足夠解決問題能力的時候，便是教學輔導教師可以放手讓夥伴教師單飛的時候了。

最後，秉於「兼容並包，思想自由」的精神，教學輔導教師除了要鼓勵夥伴教師自由思考之外，更要鼓勵夥伴教師發展多元的教學策略，當夥伴教師培養了多元的教學策略，才能因應學生的多元學習需求，採取適當的教學策略，達到因材施教的目的。

六、結語

　　蔣夢麟先生誠為有魄力有擔當的大教育家。由於他的熱情、他的執著、他的學貫中西、他的教育理念與作為，不但使得今天的北京大學成為世界一流的大學，而且也使得我國的教育能朝著自由主義、民主主義、個人主義的方向發展。他的「有所為」與「有所不為」，已在我國教育史寫下難以抹滅的篇章，值得國人細細品味與學習。

參考文獻

百度百科（主編）（2021 年 2 月 6 日）。**蔣夢麟**。取自 https://baike.
　　baidu.com/item/%E8%92%8B%E6%A2%A6%E9%BA%9F#3_1

孫善根（2004）。**走出象牙塔——蔣夢麟傳**。杭州市：杭州出版社。

陳憲民（1999）。**蔣夢麟教育思想之研究**（未出版之碩士論文）。
　　國立臺灣師範大學，臺北市。

黃昆輝、張德銳（2000）。學校本位管理。載於**教育大辭書**。取自
　　http://terms.naer.edu.tw/detail/1314427/

鄭貞銘、丁士軒（2019）。**大師巨匠**。北京市：北京聯合出版公司。

鄭德全（2010）。蕭規曹隨：蔡元培與蔣夢麟高等教育思想之比較。
　　澳門理工學報，**13**(1)，68-77。

2

梅貽琦 永遠的清華校長

一、前言

梅貽琦先生（1889-1962），係我國現代史上著名的教育家。從事教育事業四十七年，對中國學術與文化的影響，歷久彌新。特別是其主政的清華大學，長達三十年之久，卓然有成，被譽為「永遠的清華校長」，夙為國人所敬重。其言行思想，有諸多值得教育界所學習與效法之處。是故，先略述其生平事蹟，再說明其教育學說，最後再闡述其生平事蹟與學說對教師專業與教學輔導教師的啟示。

二、生平簡述

依據趙賡颺（1988a，1988b，1988c，1988d，1988e，1988f，1988g，1988h，1988i，1989a，1989b，1989c，1998）、顧毓琇（2001）、智效民（2009）、鄭貞銘與丁士軒（2019）的論述，梅貽琦先生的生平可以簡述如下：

（一）出生寒儒門第，求學表現優異

梅貽琦，字月涵，天津市人，生於清光緒 15 年（1889），正值滿清政府腐敗、列強割據、民不聊生之際，先生早歲便心存「以讀書報國、以教育救國」之大志。

梅貽琦出生於寒儒門第，曾祖父梅汝珏，祖父梅茂生，曾中舉貢，博通經史。父親梅臣，二十歲時中秀才，以後曾兩次上京趕考皆不第，便未再試，一生以鹽務為生，擔任鹽商津店賬房，家境非甚寬

裕，但對於五個兒子與五個女兒的教育甚為重視。即使在刻苦的環境中，必盡力成全。

梅貽琦幼年在家受啟蒙教育，民前八年（1904）入南開學堂，接受新式教育，時校長為著名教育家張伯苓（1876-1951）。民前四年（1908）以第一名成績自南開畢業，被保送至保定高等學堂肄業。

由於美國退還部分「庚子賠款」作為派遣中國學生留美費用。先生乃於民前三年（1909）以第六名成績，考取第一批清華公費留學生。當年考試，有一千多名學子參與考試，共錄取四十七人，除先生外，亦有唐悅良、胡剛復、邢契莘等人。

1909 年 10 月，先生放洋留學，因在學期中途，先生暫在麻薩諸塞州葛柔屯中學（Groton School）就讀。1910 年進入麻州之吳士脫工學院（Worcester Polytechnic Institute）攻讀電機工程。1914 年畢業，獲工學士學位，時年二十五歲。回國後首先返里省親，並就近在天津青年會服務一年。

梅貽琦在大學期間，在校成績四年一貫優異，曾被選入 Sigma Xi 榮譽學會。又留美期間曾擔任「留美學生會書記」、「留美學生月報」經理。可見先生不只在校成績優異，在留學生團體中也是活躍人物。

（二）任教清華，為教授的首領

1915 年梅貽琦應清華學校校長周詒春之聘，擔任清華學校教員，後升任講師及教授，因學識廣博，被公認為「科學各教授的首領」。除數理正課外，還主講過測量、工程事業、運輸等副題。此

外，還教過「洋灰製造法」、「鑛地設備」、「電子學原理」、「X光射線」、「愛因斯坦學說」等專題。

在任教期間，梅貽琦表現出對教育事業的廣泛熱情和志趣。他先後擔任清華童子軍團長、全國童子軍理事長、教員學術研究會書記、社會服務委員會委員、高等科英文、文學辯論會委員、西文課程編訂委員會委員、科學社顧問及名譽社長等職，並曾與陶行知等一起組織「中國科學教育促進研究會」。

1926 年春，教務長張彭春先生辭職，梅貽琦被清華教授會推舉繼任教務長。從此以後，清華教務長係由教授會推舉，校長聘任，成為不成文的習慣。

（三）擔任國立清華大學校長，致力建設

民國 17 年（1928）北伐成功，清華學校改制為國立清華大學，中央派羅家倫先生為第一任校長，並由原屬外交部，改隸教育部管轄。梅貽琦轉任清華留美學生監督，同年 11 月赴美視事。

1931 年清華大學在校長連續易人、局勢動盪不安的情況下，梅貽琦奉調回國擔任校長，終於穩住局面，開創了清華大學的黃金時代。先生在中國大陸的任期，直至大陸淪陷前一年（1948 年），共計十七年（含西南聯大校長八年），係清華校史上任期最長的校長。

梅貽琦在 1931 年就職典禮上明確指出，辦大學的目的只有兩個，一是研究學術，二是造就人才。在簡短的就職演說中，梅先生還說了一句被引為圭臬的名言：「所謂大學者，非謂大樓之謂也，有大師之謂也。」也就是在大師雲集的清華大學，再加上庚子賠款為它提

供了充足經費建設校園，清華大學乃能在短時間就成爲國內一流的大學，培養國家棟梁無數。

清華大學的一個優良傳統即在「教授治校」。除「教授會」外，還有一個由教授會推選的「評議會」。「教授會」負責審定全校課程以及選舉教務長與評議員等。「評議會」由校長、教務長以及七名評議員組成，負責規定全校教育方針、議決各學系之設立、廢止及變更、制定校內各種規則、審定年度預算決算等。據清大教授馮友蘭說，當時清華流傳著這樣一句話：「教授是神仙，學生是老虎，職員是狗。」

梅貽琦校長令人敬佩的一個作爲便是「吾從衆」的民主作風。梅先生不愛說話，被稱爲「寡言君子」。開會時，梅校長很少說話，而是仔細聽取別人的意見，是博採衆議、無爲而治的典型。梅先生認爲他就像京劇中的「王帽」一樣，看似重要，卻不大開口，主戲讓別人來唱。他待人以誠，遇事都公開討論；如果大家意見不一，爭論不休，他總能用簡明扼要的話指出癥結所在，使問題順利得到解決。

此外，梅貽琦校長之所以受師生們所敬重，不僅是因爲有正確的教育理念、集思廣益的民主作風，更因爲他廉潔自律、克己奉公。擔任清華大學校長後，他主動放棄前任校長的幾項特權，諸如免交電話費、免費僱傭家庭幫工和免費兩噸煤等。直到晚年，他都要用自己的錢買辦公室需要的火柴、茶葉、肥皂等物，絕不公款私用。由於廉潔奉公，生前兩袖清風，連晚年的醫療費用，也係由清華校友們所共同捐款協助支應的。

（四）主政西南聯大，三校和諧發展

1937 年 7 月，蘆溝橋中日戰爭爆發，平津先陷，清華大學與北京大學、南開大學合組國立長沙臨時大學。是年冬，南京失守，武漢失守，國立長沙臨時大學復遷雲南昆明，正式改稱爲國立西南聯合大學。西南聯大由梅貽琦校長與北京大學蔣夢麟校長、南開大學張伯苓校長共任「校務委員會」委員，但由於蔣校長主持紅十字總會，張校長任國民參政會副議長，乃由梅校長兼任校務委員會「常務委員」，實際主持校務。

西南聯大教職員與學生宿舍多簡樸而擁擠，戰時生活異常艱困，絕大多數學生家在淪陷區，家庭難以接濟；教職員亦因通貨膨脹，而衣食家計艱難。惟在梅校長苦撐下，學校不但弦歌不輟，學術研究亦持續發展。八年來先後畢業學生二千餘人，報國從軍者八百餘人，對於國家的前途發展，立下難以抹滅之功。例如獲得諾貝爾物理獎的楊振寧、李政道即是西南聯大的畢（肄）業生，其恩師便是「中國物理學之父」吳大猷教授。

西南聯大在辦學的八年歲月裡，要協調三校和諧發展，不是易事。要在各方勢力下調和鼎鼐亦不容易。校中既有聞一多、吳晗等左傾人士，也有國民黨直屬區黨部，此外，還有中共地下黨組織，有中國民主同盟的組織，梅校長協調各方，以教育爲重，沒有因政治原因開除過一個師生員工。

（五）清華在臺復校，致力科學研究

大陸淪陷後，梅先生在美國除主持中美文化交流外，亦負責清華基金（庚子賠款）的保管運用事宜，例如以清華基金利息協助在美之中國學人研究出版，並撥款贈送臺灣專科以上學校出版學術書刊。

梅貽琦念念不忘清華，1955 年春決定恢復《清華學報》（Tsing Hua Journal of Chinese Studies），由國內外的中國學人編輯，編輯部在美國，在臺灣出版。出版後，深獲國內外學術界的高度肯定。

1955 年 11 月，梅貽琦奉政府電邀，籌備在臺灣恢復清華大學。由行政院組「籌備委員會」，梅校長環島勘察校址後提籌備會決定：先設「原子科學研究所」，校址設於新竹，建築及經常費由政府撥付，圖書設備由清華基金利息開支。梅校長因此被稱為「兩岸清華校長」。

臺灣的國立清華大學在梅校長及歷屆校長努力下，在 2021 年，QS 世界大學排名中為世界第 168 名，其辦學成效享譽海內外。在 2020 年有 11 個學院（含臺北政經學院 TSE 及清華學院）、26 個學系和 28 個獨立研究院所，教師人數 1,355 人，學生人數 16,678 人（大學部人數 8,539；研究生人數 8,139）。

1958 年 7 月因政府改組，陳誠副總統兼任行政院長，約梅貽琦入閣任教育部長。梅校長再三懇辭，後在當局准予兼任清華校長的條件下勉強接受。1959 年春，與中央研究院胡適院長共同發起科學發展運動，先洽美援機構破例支援大批款項，後來政府同意組設「國家長期發展科學委員會」（今科技部之前身），由中央研究院院長與教

育部長共任主席（co-chairman），但中文名稱則梅先生堅持以教育部長爲副主席。梅校長在教育部長任期約有三年半，直至 1962 年 2 月始奉准辭去教育部長，但仍兼原子能委員會主委。

（六）鞠躬盡瘁，死而後已

梅貽琦於 1960 年 5 月底，醫師發現有攝護腺癌，住進臺大醫院。病中，在強烈痛苦中，仍力疾從公。因梅校長終身從事教育，但毫無積蓄，其本人復絕不動用公帑。清華國內外校友乃以祝賀梅校長掌校三十年，發起致送賀儀捐獻，半年間籌得新臺幣六十多萬元。該項賀儀除定製千年樟木根之大屏風外，大多用於治療梅先生癌病所需費用之補助或供其長期療養之經費。

1962 年 2 月，中央研究院舉行院士會議，梅貽琦當選爲該院院士。但院士會議會期之末，胡適院長因心臟病在會場猝逝世，梅先生因病住院，在醫院中聆聽廣播，哀慟逾恒。

1962 年 5 月 19 日，梅貽琦病逝於臺大醫院，享年 73 歲。他逝世後，祕書把他在病中隨身攜帶的一個手提包封存。兩個星期後，眾人打開手提包一看，原來是清華基金的賬目，筆筆清清楚楚。

梅貽琦去世後葬於清華校園西南區十八尖山之麓。此地依山傍水，俯視全校，取名爲「梅園」。墓園左側建有「梅亭」，園內有校友集資栽植的花木，名爲「梅林」。

三、教育學說

　　梅貽琦先生最著名的教育學說係「大師論」。梅先生指出：辦理
大學，必須有二個必備的條件，其一是設備，其二是教授；設備只要
有錢便不難做到，但聘請到卓越的教授就難了。一個大學之所以爲
大學，全在於有沒有好教授。孟子說：「所謂故國者，非謂有喬木之
謂也，有世臣之謂也」，是故梅先生認爲：「所謂大學者，非謂大樓
之謂也，有大師之謂也。」（尙嘉，2010；黃延復，1994；籍敏，
2010）

　　然而，籍敏（2010）指出大師論只是梅先生的教師觀中重要一
環。梅先生的完整教師觀係含「良師—大師—密切師生關係交往」的
三個層次。也就是說，要做到大師級的老師首先要做到「良師」，良
師者在上課時要以清晰的邏輯、明瞭的語言，傳授給學生，並以盡心
的態度教學、以盡責的方式對學生進行考核。

　　不管是良師或者大師級的老師，應與學生保持緊密的生活與學習
關係。在常規課業中，教師傳道、授業、解惑，在日常生活中，與學
生全面接觸，使學生在點滴中習得老師的教養與品行，而教師以通過
與學生的交往，起表率之作用，也就是「學爲良師，行爲世範」（籍
敏，2010）。

　　其次，梅先生在清華大學極力倡導「通才教育」，通才教育是梅
先生教育思想的靈魂。在梅先生看來，「通才」是參加社會建設的基
本資格，否則就不合格。梅先生主張大學應對學生實施全方位的教
育，才能培養具有未來觀的國家棟梁，而不僅僅是培養所謂的「專

家」（尚嘉，2010）。也就是說，大學教育「應在通不在專」，應以「通識為本，而專識為末」（智效民，2009）。

最後，梅貽琦秉承蔡元培所倡導的「兼容並包，學術自由」的辦學理念。梅先生認為教育是國家興旺之根本，是國家富強之根基。教育思想要靈活，要相容並包，不要因為學術爭議而排斥，廣泛吸收各家所長。秉持「學術自由」的理念，梅先生實施「教授治校」，促進清華大學的長期發展。另外，為清華大學捍衛「學術獨立」，為清華大學的學術發展贏得空間（尚嘉，2010）。

四、對教師專業的啟示

綜觀梅貽琦先生的事蹟與思想，有許多值得臺灣教育界學習的地方。首先，在教育行政機關上，應尊重大學的自主、學術的自由，避免以政治力介入校園，影響了大學的良性發展。須知沒有大學自主，大學便缺乏發展空間；沒有學術自由，教師的學術難以蓬勃發展。

教育行政機關應關心國家「通才」的培養，避免大學僅重視科技而忽視人文的發展。是故，對於大學實施「通識教育」應予以大力的輔助與鼓勵，這樣才能培養具有未來觀的國家棟梁。另外，為利通才的培養，大學的發展應鼓勵朝「綜合性大學」的方向發展。

其次，對於學校教育機構而言，學校應秉持「學校獨立於政治之外」的理念，致力摒除政黨與宗教對學校辦學的干預。不可否認的，近年來，由於意識型態的作用，政黨政治對於國內教育的干預，有愈來愈大的趨勢，著實令人憂心。

學校校長應秉持「兼容並包，學術自由」與「教授治校」的辦學理念。「兼容並包」，可以如「大海納百川」般，吸取各種人才，為校服務。「學術自由」，可讓教師充分展現教學與研究才華。「教授治校」一方面可以讓教師發揮專業自主，另一方面可以釋放教師在「教師領導」上的巨大潛能。

　　學校校長亦可以學習梅貽琦校長「吾從眾」的民主作風。校長在作決策應多徵求各方的意見，在開會時，應仔細聽取別人的意見，而博採眾議。待人以誠，遇事公開討論；如果大家意見不一，再作裁示。

　　梅貽琦先生的「大師論」對於校長也很有啟示。校長除重視學校的圖書設備外，更應重視優良教師的遴聘與任用。讓優秀教師安心教學，並提供良好的教學與研究環境，讓「良師」能發展成為「大師」。

　　梅貽琦先生的「廉潔自律、克己奉公」亦是很值得校長學習的。校長如能廉潔自律，將是一位令人尊敬的好校長；校長始能克己奉公，將是一位公正無私、做事有效率的校長。

　　對於現代教師而言，梅貽琦的思想與事蹟也有許多的啟示：

　　第一，教師要做一位「學為良師，行為世範」的好老師，然後進一步進德修業，成為「大師級」的教師。但無論是「良師」或者是「大師」，都要與學生保持緊密的生活與學習關係。在教學與研究中，兢兢業業，在日常生活中，與學生密切互動，使學生在潛移默化中習得老師的教養與品行。

　　第二，教師應體認其有「教授治校」的權力，而在課程、教學、與學生輔導上不但要能專業自主，並且要能參與學校在教學專業上的

事務，發揮「教師領導」的功能。然而權力，必定附隨著「責任」，是故教師們應當與校長並肩努力，為學生學習和學校發展，共同負起「績效責任」。

第三，教師可學習梅貽琦先生「以和為貴」的精神，和教師同儕們廣結善緣，和諧共進。可以透過「同儕輔導」（peer coaching）或「專業學習社群」（professional learning community），一方面和同事增進情誼，另方面在教學方法上攜手共進，形塑合作分享的教學文化。

第四，教師對於學生的學習發展，不宜過度強調學科知識與技術的「專業訓練」，而要培養學生多方面發展的「通識能力」。讓學生能夠發展「多元智慧」，能夠文武兼修，才德兼備，如此才是適切的教育。

第五，教師宜克服艱難的教學環境。就像西南聯大教職員與學生在極度困難的教學環境中，仍能弦歌不輟一樣，教師們在困難的教學環境中，只要有好老師仍能努力克服環境的種種困難與限制，造就教與學的奇蹟。

五、對教學輔導教師的啟示

梅貽琦先生的事蹟與思想，對教學輔導教師有所啟示：首先，教學輔導教師作為一位「師傅級」的教師要能「學為良師，行為世範」。如果教學輔導教師本身不是教學表現優秀並且熱心輔導的好老師，是很難做好教學輔導工作的。同理，學校對教學輔導教師的儲訓人選，應嚴格把關與篩選，而不是放任讓想要參與教學輔導教師研習

的老師，就列入教學輔導教師儲訓的名單中。

其次，教學輔導教師在進德修業，成為師傅教師後，有責任也有義務，帶領夥伴教師，與其協同成長。教學輔導教師要與夥伴教師保持緊密的生活與學習關係，以自身的人格修為與教學素養對夥伴教師發揮潛移默化的功能。

同時，教學輔導教師應有「教師彰權益能」（teacher empowerment）的觀念，一方面增進自己的專業能力，另方面發揮教師專業自主的權力，而對學校革新與發展事務，主動參與，並有所貢獻。

最後，教學輔導教師可以善用「同儕輔導」、「專業學習社群」的輔導模式，一方面和夥伴教師增進情誼，另方面與夥伴教師共同建構集體的教學實踐智慧，更有利於教學專業的發展。

六、結語

梅貽琦先生誠為我國高等教育史上的大師級人物。他與陳寅恪、葉企遜、潘光旦同被列為清華百年歷史上的「四大哲人」。他對清華大學的貢獻，無與倫比；他的人格與精神，與日月同光。哲人已逝，但他的事蹟與思想，永遠讓人景仰與懷念。

參考文獻

尚嘉（2010）。論教育家校長的塑造力——以清華大學「永遠的校長」梅貽琦為例。中國電力教育，**173**，12-14。

黃延復（1994）。**梅貽琦教育思想研究**。瀋陽市：遼寧教育出版社。

智效民（2009）。**中國近代教育的奠基者**——八位大學校長。臺北市：秀威資訊科技股份有限公司。

趙賡颺（1988a）。梅貽琦傳稿（一）。中外雜誌，**43**(3)，12-17。

趙賡颺（1988b）。梅貽琦傳稿（二）。中外雜誌，**43**(4)，109-118。

趙賡颺（1988c）。梅貽琦傳稿（三）。中外雜誌，**43**(5)，102-109。

趙賡颺（1988d）。梅貽琦傳稿（四）。中外雜誌，**43**(6)，115-119。

趙賡颺（1988e）。梅貽琦傳稿（五）。中外雜誌，**44**(1)，33-37。

趙賡颺（1988f）。梅貽琦傳稿（六）。中外雜誌，**44**(2)，96-100。

趙賡颺（1988g）。梅貽琦傳稿（七）。中外雜誌，**44**(3)，102-107。

趙賡颺（1988h）。梅貽琦傳稿（八）。中外雜誌，**44**(5)，109-114。

趙賡颺（1988i）。梅貽琦傳稿（九）。中外雜誌，**44**(6)，36-42。

趙賡颺（1989a）。梅貽琦傳稿（十）。中外雜誌，**45**(3)，131-136。

趙賡颺（1989b）。梅貽琦傳稿（十一）。中外雜誌，**45**(5)，115-120。

趙賡颺（1989c）。梅貽琦傳稿（十二）。中外雜誌，**45**(6)，111-

117。

趙賡颺（1998）。梅貽琦。載於劉真（主編），**師道**（頁 346-378）。臺北市：國立教育資料館。

鄭貞銘、丁士軒（2019）。**大師巨匠**。北京市：北京聯合出版公司。

顧毓秀（2001）。梅貽琦年譜。**中國文哲研究通訊**，**11**(4)，95-105。

籍敏（2010）。梅貽琦教師觀及其實踐新探。**揚州大學學報**，**14**(2)，22-24。

3

胡適 倡導自由、民主與科學的大師

一、前言

　　胡適先生（1891-1962）是我國第一位提倡白話文和新詩的學者，他所倡導的國語文改革運動，是我國教育史上值得大書特書的教育改革。他所主張的自由、民主與科學亦深深影響我國教育發展與現代化。胡適名滿天下，謗亦隨之，但他認為如果是對的事、對國家社會有利的事，他總是勇往直前努力不懈，這種讀書人的氣節是吾輩學習的楷模典範。是故，先略述其生平事蹟，再說明其教育學說，最後再闡述其生平事蹟與學說對教師專業與教學輔導教師的啟示。

二、生平簡述

　　依據楊承彬（1999）的論述，胡適先生的生平可以簡述如下：

（一）勤勉向學的學生時代

　　胡適原名嗣穈，讀書時曾取名洪騂，又改為適、適之，係安徽省績谿縣人，生於大陸上海浦東，父親胡傳先生為飽學之士，為清廷官員，並曾於 1893 年奉命來臺灣任職，惟在胡適三歲時就因 1895 年甲午戰敗後內遷，客死廈門他鄉，是故胡適的早年教養及其後的成就多歸功於母親。胡適曾說：「我的恩師，就是我的慈母。」又說：「我母親管束我最嚴，她是慈母兼任嚴父。」

　　雖然父親過世甚早，以致家境十分艱難，但由於胡適的母親非常重視教育，在胡適三歲多時，便將胡適送到四叔介如先生的學塾就

學。當時胡適小而體弱，但是非常的聰穎好學，九年之間就熟讀了不少中國的古書和史書，奠定了非常好的國學和史學基礎。更在九歲時因偶見《水滸傳》，便開始在課餘之暇，到處借小說、讀小說，到了十三歲離開家鄉時便已經讀了三十多部小說，成了標準的小說迷，但也就是這些小說不但滿足他的求知慾，也在不知不覺中強化了他白話散文的訓練，種下他日後推動白話文運動的種籽。

光緒 30 年（1904），胡適先生跟隨三哥進入上海梅溪學堂，開始接受新式教育，學習表現優異。一年後，轉入學科較為完備的澄衷學堂。這段期間，胡適除了認識四書、五經之外的中國學術思想，他的思想有兩方面的新發展：一是「物競天擇，適者生存」的進化論觀念，二是「思想自由、言論自由」的民主觀念。光緒 32 年（1906），胡適先生十五歲，考取上海著名的中國公學，但因為貧窮要籌措學費，他便擔任《競業旬報》的主編，並撰寫了不少白話文的文章。光緒 34 年（1908），胡適先生更在十七歲時，一邊就學，一邊被中國新公學聘為英文教員，每天上課六小時。可見，胡適先生當時的經濟拮据，但是因為他的聰明才智以及他的勤奮努力，他在學問上有很大的長進，可說是一位才華橫溢的讀書人。

宣統 2 年（1910），胡適先生十九歲便考取了清廷第二次所舉辦的清華官費留學考試，乃遠赴美國康乃爾大學先讀農科，後來改習文科，就學期間非常關心祖國的發展，並被選為世界學生會的會長，初展領導的才能。民國 4 年（1915），胡適先生轉哥倫比亞大學師範學院攻讀哲學，受業於大哲學家杜威（John Dewey, 1859-1952），受杜威學術思想的影響甚深。民國 6 年（1917），先生於二十六歲時

在哥大完成博士學位，畢業論文係《中國古代哲學方法之進化史》，可見先生以西方科學方法治中國哲學之用心。

（二）北大任教與文學革命運動

民國 6 年（1917）初，返國後，胡適先生在《新青年》發表〈文學改良芻議〉，同年 9 月，受聘北京大學文科教授，開始數十年的教學生涯。任教期間教了傅斯年、羅家倫、顧頡剛等眾多著名學者與教育家，也發表了無數重要著作，諸如〈歷史的文學觀念論〉、〈建設的文學革命論〉、〈建設的文學革命論〉、〈人權與約法〉、〈易卜生主義〉、《人權論集》等，對於我國國語文學改革運動和自由平等人權觀念的推動，發揮關鍵性的作用。此外，胡適先生所著的《中國哲學史大綱·卷上》、《戴東原的哲學》、《中國中古思想史長編》、《白話文學史·上卷》對於我國文史哲的發展，亦有相當重要的貢獻。

除了教學與研究，先生在社會服務上更是抱著愛國主義的理想，身先士卒地帶動社會改良的風潮。例如：積極參與民國 6 年（1917）開始的「新文化運動」，以及民國 8 年（1919）的「五四運動」，係當時的社會清流與意見領袖。此外，胡適亦參與《新青年》的編務，並創辦《努力週報》、《現代評論》、《獨立評論》等，企圖以輿論的力量，促進國事的健全發展。在民國初年中國政治環境不佳、社會動盪不安、思想極不穩定的年代，胡適用心之良苦，望治之心切，躍然紙上。

在胡適為中國而奮鬥的年代裡，民國 8 年（1919）是一個重要

的年份。當年發生了兩件大事。其一是「五四運動」，藉由運動帶來民主與科學以及全盤西化的風潮，先生所鼓吹的文學革命——白話文運動，屆於成功。並且在民國 9 年（1920）教育部所頒布的《中小學課程標準》中，規定採用「白話文」，編定「國語教科書」，逐年實施。從此中小學生以白話文學習國語文及其他學科成為常態，先生推動白話文文學及教學實功不可沒。

其二是胡適的恩師杜威博士來華講學，杜威從 1919 年 5 月到 1921 年 7 月在中國講學期間，胡適一路陪同並擔任演講口譯工作，時間長達兩年兩個月，協助恩師對於中國之教育發展產生重大影響，例如：國民政府於民國 11 年（1922）年頒布「新學制」，揭櫫以民主為教育基本原則以及採美國式的「六、三、三」學制，仍沿用迄今。

（三）教育文化與政治事業的推動

胡適先生並不是一位單純的教書匠，基於讀書救國的使命感，先生亦盡心盡力於教育與政治事業上，在動亂的年代為中國的前途積極奮鬥。民國 15 年（1926），先生赴歐美考察，除讀書、寫作外，並應邀到各大學演講。民國 17 年（1928），先生就任母校——中國公學的校長。民國 18 年（1929），先生被推選為中華文化教育基金會董事。民國 19 年（1930），辭中國公學校長職，擔任北京大學文學院長。民國 20 年（1931），九一八事變後，先生為文聲討日本侵華行為並提出諸多國是建言。民國 24 年（1935），先生膺選為中央研究院評議員。民國 26 年（1937），「蘆溝橋事件」引發全面對日抗

戰，先生受邀參與國民政府所召開的「廬山談話會」，會中提供諸多政策性意見。同年9月奉命赴歐美宣揚我國對日抗戰之意義，全力爭取歐美各國的支持。民國27年（1938）擔任駐美全權大使，在四年的任期內，獲得廣大的美國民眾對於我國的同情與支援。民國34年（1945）擔任舊金山聯合國會議的代表，全力爭取我國在聯合國的權利與地位。

民國35年（1946），胡適接任北京大學校長並被推選為國民大會制憲代表，開會時並被推選為主席。民國36年（1947）被選為第一屆國民大會代表，並擔任主席團主席。民國37年（1948）年被選為中央研究院院士，在南京出席第一次院士會議。中央政府遷臺後，民國46年（1957），經總統任命，胡適當選中央研究院院長。

綜觀胡適在民國15年後至大陸淪陷的這一段期間，先生不但擔任各種要職，也代表國家奔波於世界各地，對於國家的教育、文化、政治、外交等事業，做出長期宏偉而堅苦卓絕的貢獻。

（四）科學與研究事業的推動

為推動我國的科學事業，先生依吳大猷先生的建議，於民國47年（1958）擬訂「長期發展科學計畫」，獲我國政府及美國政府的支持，遂於民國48年（1959），我國政府成立「國家長期發展科學委員會」（今科技部），由胡適任主委，教育部長梅貽琦博士為副主委，開始推動我國科學發展的長期工作，篳路藍縷，以啟山林，不可不謂「任重而道遠」，實在令人敬佩！

（五）民主與自由的鬥士

胡適先生為人雖寬容和藹，平易近人，但個性耿介，為真理而不屈。胡適早年因被誤解為倡導全盤西化（其實他倡導的是充分現代化），屢遭守舊人士的攻擊。另依維基百科（2021）的記載，在北京大學校長時期又因常著文批評唯物辯證論、共產主義及共產黨的武裝叛亂，乃在 1950 年代至 1970 年代中共「極左」時期受到嚴厲批判，但先生仍不改其志。

在中央政府遷臺後，雷震為了宣揚民主自由而創辦《自由中國》雜誌，請胡適擔任發行人。雖然胡適於民國 42 年（1953）辭去發行人職，但仍為該刊顧問，長期關注《自由中國》及臺灣言論自由進展，不因辭去發行人，亦或返國擔任中央研究院院長後而有所降低或減弱。《自由中國》雜誌曾經是蔣中正施行獨裁、箝制言論自由的威權統治下，唯一的民主思想重鎮，但後來《自由中國》於民國 49 年（1960）遭到停刊，雷震等也遭誣陷入獄，胡適雖未受到株連，但他也盡力參與營救雷震等人，不過並沒有成功，最後雷震等被軍事法庭以「包庇匪諜、煽動叛亂」的罪名判處十年徒刑定讞。

（六）哲人其萎

由於長期的疲勞過度，胡適晚年患有心臟病，不幸於民國 51 年（1962）2 月 24 日，參與中央研究院第五屆院士歡迎酒會時，心臟病突發逝世於臺北縣南港鎮（今臺北市南港區）。停棺瞻仰遺容時，往祭者絡繹不絕；出殯時，數十萬人自動參與送殯行列。墓誌銘由知

名學者毛子水撰文，金石名家王壯爲先生書寫：

> 這是胡適先生的墓，生於中華民國紀元前二十一年，卒於中華民國五十一年。這個爲學術和文化的進步，爲思想和言論的自由，爲民族的尊榮，爲人類的幸福而苦心焦思，散精勞神以致身死的人，現在在這裏安息了！我們相信形骸終要化滅，陵谷也會變易，但現在墓中這位哲人所給予世界的光明，將永遠存在。

三、教育學說

　　楊承彬（1999）指出，胡適的教育思想主要有四個。在教育思想的本質上，胡適先生延續其師杜威博士「實用主義」（pragmatism）的學說，主張「教育即生活、生長和經驗的不斷改造」。是故，學校裡的學習應和學校外的生活連在一起，學生要學習適應社會，繼而改造社會，協助建構一個更美好的社會。在教學上，第一要培養學生「智能的個性」，即「獨立思想，獨立觀察，獨立判斷的能力」；第二要養成學生「民主參與的群性」，即對社會事業和群眾關係的興趣。爲培養學生智能的個性，他常常提到「大膽假設，小心求證」這兩句話，代表科學的、實證的思維過程。

　　國語文改革運動，是胡適的另一個教育思想，也是胡適最爲人稱道的教育改革舉措。胡適的白話文主張主要有三點：其一，白話文可

讀又可聽，較之文言文之可讀但聽不懂，適宜作為普及教育的工具。其二，白話文可廣為士農工商等廣大群眾所使用，是進化的文字。其三，國語文的教學方法要多研究改進，摒棄強記死背的教學法，改用討論、自由發表、表演、戲劇等活的教學法。

胡適先生畢生提倡民主與科學，在科學教育上亦有四個獨特的見解：其一，科學精神在尋求事實，尋求真理。其二，科學的態度在撇開成見，擱起感情，只認識事實，只跟著證據走。其三，科學的目的在謀求人類生活的改善，增進人類幸福的生活。其四，科學的方法即大膽地假設，小心地求證。

在學校教育上，胡適極力主張宜早日普及中小學教育以厚植國本，並消除盲目的「升學主義」。此外，中等教育不能忽視具有「實用」性質的職業教育，使學生在畢業後即能學以致用，人盡其才。在高等教育上，要充實大學的師資和設備，並且強調「學術獨立」的精神。

四、對教師專業的啟示

胡適是近代中國的大教育家，他的言行事蹟和思想在教育上有許多值得學習或啟示的地方：

其一，從胡適將成就歸功於母教，可見家庭教育的重要性。家庭教育、學校教育和社會教育同是教育的三根支柱，沒有好的家庭教育，學校教育難以竟全功；而不良的家庭教育常是學生問題行為的來源。教育界所流行的一句名言：「少年偏差行為，種因於家庭，顯現

於學校，惡化於社會。」便是這個道理。

　　第二，閱讀教育的重要性。胡適從小就喜歡閱讀，除中國的古書和史書之外，他在十三歲便已經讀了 30 多部小說，不但滿足他的求知慾，也在不知不覺中強化了語言表達能力。是故，學校和社區不僅要多設置圖書館和充實圖書設備，如何加強閱讀教學和閱讀活動，培養學生閱讀的興趣和能力，也是學校教育和社會教育所必須重視的工作。

　　第三，中英雙語教育的重要性。從胡適在十七歲時就能當英文教師，之後更留學美國、在歐美講學，甚至當上駐美大使及聯合國大會代表，便可知學習英語，以及學習第二外語的必要性。畢竟，當今世界是個國際地球村，而臺灣實無法鎖國而治，在經貿、政治外交、教育文化上勢必與世界各國有密切的接觸與合作，而此時外語成為溝通的工具，沒有這個工具，臺灣寸步難行。

　　第四，科學教育的重要性。科學為實業之母，胡適深感中國之貧窮落後，其原因之一，便是科學的現代化嚴重落後先進國家，因此仍高倡「長期發展科學計畫」，並致力於科學教育之著述。因此，如何有效培養學生具有科學的精神與態度，並運用科學的方法獲取知識與經驗，進而改良社會與創造人類文明，是教育工作者必須重視的課題。

　　第五，學校與生活的充分結合。胡適主張教育就是生活，是故學校教材的內容應以社會生活為中心，全部課程即是人生的全部經驗，包含歷史、人文與藝術、社會科學、自然科學、體育與勞動等。教學方法上要以學習者為中心，並且善用多元的方法，培養學生多元的學

習興趣與能力。

第六，教育要一方面培養學生「獨立思想，獨立觀察，獨立判斷的能力」；另方面要同時養成學生對社會事業和群眾關係的興趣，二者缺一不可。亦即個性與群性的兼備，自由與民主的融合為一，這樣才是好的教育、卓越的教育。

第七，強調大學自治、學術獨立的高等教育。北京大學在蔡元培老校長的領導下，早就非常強調「教授治校、學術自由」的精神，摒棄政治力的介入，這種作為在胡適擔任校長任內更是彰顯無餘，他所極力主張「大學自治、學術獨立」的高等教育，在當今臺灣還有努力空間，這從「臺大校長管中閔的聘任事件」深受政治力所介入，便是一個顯例。

最後，終身學習的必要性。俗語說：「活到老，學到老」，胡適本人自幼即勤勉向學，及長不但對文史哲有充分的涉獵，而且對於社會科學以及自然科學亦有所探討和研究，所以他是一位終身學習的楷模。

五、對教學輔導教師制度的啟示

胡適的言行與思想，對於教學輔導教師制度亦有諸多的啟示。首先，胡適先生正直不阿、胸襟豁達、寬容和藹、平易近人的為人處世之道，是非常值得教學輔導教師學習的。教學輔導教師要成功地輔導夥伴教師就必須具備溫暖熱情、平易近人的人格特質，並且能包容、尊重夥伴教師的需求與教學模式。

胡適先生認為如果是對的事、對國家社會有利的事，他會無所畏懼、勇往直前地努力不懈，他這種「苟利國家生死以」的精神也是值得教學輔導教師學習的。教學輔導教師作為一位教師領導者，絕不能抱持獨善其身的態度，而對於夥伴教師或學校革新與發展有利的事，就該勇往直前的去做或去建言，這樣才是教育人員應有的專業責任與態度。

　　教學輔導教師的教學輔導內容，宜根據夥伴教師的需求，以具有實用性的知識與經驗為主。除了傳承教學經驗之外，更宜鼓勵夥伴教師在實際的教學經驗中，「做中學，行中思」，改造自己的教學經驗，以適應學校的教學環境，進而能協助其建構更美好的教學作為。

　　教學輔導教師宜以科學的態度和方法進行輔導。在情感上固然要關心夥伴教師，與夥伴教師建立信任關係，但在態度上要「撇開成見，擱起感情，只認清事實，跟著證據走。」在方法上，要「大膽地假設，小心地求證。」這樣才能依據事實的診斷，協助夥伴教師解決教學問題。

　　教學輔導教師除了要以科學的精神進行教學輔導，亦可在擔任教學輔導教師二年後，申請擔任「研究教師」（research teacher），針對現場教育議題進行研究，藉由長期教室觀察、教學輔導、共同研討、調查訪談等過程，利用科學方法蒐集資料並評估教育的各個面向，包括課程發展、教學創新、教育實驗、學生學習、教師培訓和課堂動態等，為學校的革新與發展提出改革建議。

　　教學輔導教師宜培養夥伴教師「獨立思想，獨立觀察，獨立判斷的能力」，成為在教學生涯上能獨立自主，又能與同事協同合作的教

學專業人員。另方面，教學輔導教師亦要鼓勵夥伴教師對學校事務的關心與參與，這樣才能充分落實校園的民主與參與。

最後，教學輔導教師宜與夥伴教師一起進行終身學習。就像胡適先生能做到「活到老，學到老」的境地。學習可以是個人式的，更可以是協同合作的。是故教學輔導教師若能以教師專業學習社群的方式，與夥伴教師共同參與學習，不但可以增進彼此的情誼，亦可有效增進自己的專業能力，實在有一舉兩得的功效。

六、結語

胡適自幼不畏貧寒，聰穎好學，及長學貫中西，對於哲學、史學、文學、科學、教育、文化等皆有涉獵，又因勤於研究及寫作，以至著作等身，為學術界引領風潮的大師級人物。然先生不以學術研究為既足，處處留心社會問題，時時關心政治，企圖為苦難的中國走出一條自由、民主、科學、教育與文化昌明的康莊大道。然由於時代的種種限制，先生的理想迄今在臺灣仍未充分的實現，特別是中等教育的升學主義問題，以及大學的自治和學術獨立，仍有待作為後輩的我們，接棒持續努力，卒底於成。

參考文獻

楊承彬（1999）。胡適。載於王壽南（主編），中國歷代思想家
　　【二十四】── 胡適、梁漱溟、錢穆（頁5-78）。臺北市：臺
　　灣商務印書館。

維基百科（主編）（2021）。胡適。取自 https://zh.wikipedia.org/
　　wiki/%E8%83%A1%E9%81%A9

4

傅斯年　自由主義思想家

一、前言

　　傅斯年先生（1896-1950），係我國現代史上著名的歷史學家、教育家，也是學界公認的自由主義思想家（焦潤明，2002）。先生生於苦難的中國，以「讀書報國、教育救國」為職志。個性清廉耿介，一生敢作敢言，對於政治與教育時弊，勇於諍言直諫，同時對於史學研究以及高等教育更有大作為，特別是在其晚年主政的臺灣大學，為捍衛自由學風所作的努力，夙為國人所欽重。其言行思想，有諸多值得教育界所學習與效法之處。是故，先略述其生平事蹟，再說明其教育學說，最後再闡述其生平事蹟與學說對教師專業與教學輔導教師的啟示。

二、生平簡述

　　依據傅樂成（1979）、李緒武（1998）、焦潤明（2002）、歐素瑛（2006）以及維基百科（2020）的論述，傅斯年先生的生平可以簡述如下：

（一）出生書香門第，刻苦求學的生涯

　　傅斯年，字孟真，大陸山東省聊城縣人，生於清光緒 22 年（1896），正值滿清腐敗，列強割據中國之際，先生和同時代的諸多有識之士一樣，早歲便心存以讀書報國、以教育救國之大志。

　　傅斯年出生於沒落的士族家庭，祖父傅淦，為前清貢生，博通經

史，且精通醫理。父親傅旭安爲前清舉人，致力教育工作，曾任山東省東平縣龍山書院山長（院長）。然傅旭安於三十九歲時便英年早逝，以致傅家家道清貧，生活極爲艱難。然正由於清貧的家庭環境，使得先生養成艱苦卓絕、努力奮鬥的人生觀。

1905 年傅斯年入東昌府立小學堂讀書，並由祖父親授課業，打下深厚的國學基礎。祖父不僅以居家課孫爲樂，還親自傳授傅斯年經史文學，另由於個性與行爲上的潛移默化，對於傅斯年一生痛恨政治、不願入仕、嫉惡如仇的正義感有頗爲深遠的影響。

除祖父之外，對傅斯年影響最大的是侯延塽，侯延塽係傅旭安的學生，少時孤貧，受傅旭安的知遇之恩，得以入龍山書院就學，後考取進士，返回故鄉時，恩師已過世，乃自誓要撫養傅斯年兄弟長大成人。侯延塽雖是晚清進士，但思想並不保守，能與時俱進，積極參加辛亥革命，對於傅斯年關心國事、關心政治的態度也有深遠影響。

1908 年，先生隨侯延塽至天津，1909 年考取天津府立中學堂，開始接受新式的教育，進而爲他考入北京大學以及其後的留學生活奠定了基礎。由於恩人侯延塽的幫助，先生的人生不但發生重大的轉折，也影響了先生知恩報恩的人格特質，以及其後辦學時對於清寒學生特別重視與照顧的教育理念。

1913 年中學畢業後，傅斯年考入北京大學預科乙部，攻讀文史。傅斯年不但成績優異，在課外活動中亦嶄露頭角，曾與沈沅等人發起「文學會」，以修繕辭令、發展思想爲宗旨。三年後，1916 年傅斯年升入本科國文學門，深得國學大師劉師培及黃侃的器重。1917 年蔡元培就任北京大學校長，胡適任教北京大學哲學系，傅斯

年成為胡適的授業弟子。胡適驚異於傅斯年的國學素養,傅斯年則對胡適科學思維與新見解,頗為心儀。

(二)參與五四運動,新文化運動的旗手

傅斯年就學北京大學時,躬逢1919年的「五四運動」。五四運動是中國現代史上所發生的一場以青年學生為主體的反帝國愛國運動,也是一場思想啟蒙和新文化運動。胡適、陳獨秀所倡導的民主與科學以及白話文文學,獲得廣大青年們所支持和體現。

1918年,傅斯年邀集羅家倫、毛子水、顧頡剛等人,創立「新潮社」。翌年1月1日,新潮社出版一份代表學生的新刊物——《新潮》月刊。第一期主編是傅斯年和羅家倫,傅斯年撰寫〈發刊旨趣書〉,羅家倫發表署名社論加以補充。在政治態度上,《新潮》強調個人主義與自由主義。學術上,《新潮》主張,知識分子有責任發現當代中國社會的需要,加以推動,並要了解歷史的潮流,透過國學研究,以探求現代中國及現代思潮應取的方向。《新潮》月刊影響頗廣,傅斯年也因此成為著名的學生領袖。

1919年,五四運動爆發,傅斯年被推為北京大學二十位學生代表之一,對現實問題及政治活動表現出高度的熱情。5月4日當天,北京大學等十三所校院三千餘名學生匯集天安門,舉行了聲勢浩大的示威活動,傅斯年擔任總指揮,扛著大旗走在遊行隊伍最前面,堪稱五四運動的健將。

（三）留學歐洲，普被西方學術

北大畢業後，先生旋回山東參加官費留學考試，成績優異。惟因少數考試官以傅斯年爲五四運動領袖而不擬錄取，經山東省教育廳陳豫科長力爭，堅持以考試成績爲錄取標準，先生得以榜上有名。

1920 年夏，傅斯年赴歐洲留學，先在倫敦大學大學院研習三年半後，轉赴柏林大學。在遊學六年半時間中，大部分時間都在研讀實驗生理、心理、物理學、數學在內的自然科學，在柏林大學哲學院後期才開始攻讀歷史語言學、比較語言學並學習東方語言。留學期間，傅斯年廣泛接觸各種新學，對其後的思想及事業發展產生鉅大的影響。

（四）學成回國，擘劃歷史語言研究所

1926 年 10 月，傅斯年因得知北伐成功而回國，在朱家驊校長邀請之下接受中山大學之聘用。1927 年任該校文科學長（文學院院長，並兼中國文學和史學兩系之主任），並創立語言歷史學研究所。1928 年，中央研究院成立，蔡元培爲首任院長，在蔡元培支持下，傅斯年與顧頡剛、楊振聲等人，積極籌劃並負責創建了著名的中央研究院歷史語言研究所。

傅斯年從 1928 年 9 月至 1950 年 12 月，擔任中央研究院歷史語言研究所所長，長達二十二年，是其任期最長、對學術界最有貢獻的職務。他把歷史學、語言學建設成與生物學、地質學同等樣的科學。他以科學的方法治歷史語言之學，並且倡導集體研究的方式，集眾人

的智慧發展具有中國特色的歷史學、語言學。

中央研究院歷史語言研究所在大陸時期,多年來集體的努力,卓然有成。首先在 1928 年策劃並開始河南安陽殷墟之發掘,直到 1937 年,十年間凡發掘十五次,先後由董作賓、李濟主其事,發現大量殷代銅器及甲骨文,經董作賓、李濟及其他學者的共同努力,遂使商代史事,由隱晦而日趨明顯,中國之信史因此向前推進了數百年之久。此外,在民族學方面,對中國西南少數民族的田野調查研究也很有成就,在歷時二十餘年的西南邊疆少數民族考察中,總計蒐集到 1,100 餘件之民族文物、民族文書 800 餘種、田野照片約 8,000 張,以及無數的語言、民俗、體質測量資料等,成果十分豐碩。

(五)書生報國,拳拳赤子之心

基於愛國、愛民族的拳拳赤子之心,傅斯年在治學之餘,也是十分關心國事。1932 年,日本為合理化占領中國東北三省而極力宣傳「滿蒙在歷史上非屬中國論」,先生乃憤而疾書《東北史綱》第一卷,以民族學、語言學、史學與地理學資料,證明東北本為中國郡縣,與中國有不可分割的關係,嚴正駁斥日人的謬論。

傅斯年對貪汙腐敗疾惡如仇,1944 年,傅斯年在國民參政會上向行政院院長孔祥熙發難,揭發孔院長貪汙舞弊,罵他是皇親國戚。1947 年 2 月 15 日和 2 月 22 日分別發表了兩篇文章:〈這樣的宋子文非走開不可〉和〈宋子文的失敗〉,痛批當時行政院長宋子文發國難財,硬是把宋子文逼下臺。從這兩件事,可見傅斯年敢言人之所不敢言,頗有古代御史之風。

（六）代理北京大學校長，致力於接收復員

　　1945 年 8 月，日本戰敗投降，傅斯年欣喜若狂。抗戰勝利後，政府擬任命傅斯年爲北京大學校長，傅斯年堅辭，並極力推薦其師胡適。在胡適未返國到任期間擔任北京大學代理校長，致力於克服二大困難：第一個困難是復員問題，要從大後方昆明遷回數千員生和龐大校產，其困難可想而知。第二個困難是僞北大教職員問題。這批爲數眾多的僞北大教職員，組成團體，到處請願，要求北大復員後繼續留用，先生基於民族氣節，絲毫不爲所動，聲明絕不錄用僞北大的教職員。在傅斯年的努力下，北京大學得於在北平順利復課，先生居功厥偉。

（七）擔任臺灣大學校長，捍衛自由學風

　　1948 年 12 月，傅斯年受命接掌臺灣大學校長，傅斯年任期雖不滿二年，卻做了幾件大事，爲臺大的發展奠定了良好的基礎，使臺大成爲一流之大學：第一是在臺灣光復後、國家財力極爲艱難下，力爭經費，興建校舍與學生宿舍，擴充圖書儀器設備。第二是成立教員聘任資格委員審查委員會，先後聘請多位國際知名教授到校任教，如李濟、董作賓、毛子水、英千里、錢思亮、蔣碩傑等，一時臺大大師雲集。第三是重視學生生活與學業，並建立嚴謹的考試制度，招收一流學生到臺大就學。第四是極力整頓校務，尤以醫學院著力最多，他所奠下的改革基礎，使得臺大醫學院成爲如今蜚聲國際的一流醫學院。
　　傅斯年最令人稱道的是捍衛校園自治、學術自由的學風，極力阻

擋政黨政治介入校園。1949 年 7 月 11 日，筆名葉青的反共專家在臺北《民族報》發表〈寄傅斯年先生的一封公開信──論反共教育與自由主義〉，文中指控傅校長繼承北京大學自由講學、自由研究的傳統風氣，出任臺灣大學校長後，亦將自由主義作風帶到臺灣來，在學術自由的掩護下，所聘教授中，竟有共黨分子和親共分子，以致校園成為共產黨的溫床。面對各種不實的指控，傅斯年一一加以駁斥，並聲明其堅持學術獨立、拒絕政治力干涉學術的立場。

　　1949 年 4 月 6 日，臺灣大學和臺灣省立師範學院（今臺師大）發生「四六事件」，爆發學潮，傅斯年雖然贊成執政當局要快而徹底地肅清匪諜，但要求不能流血。也就是秉持此一原則與態度，傅斯年於四六事件當下，曾向臺灣警備總司令部司令彭孟緝警告：「若有證據該抓就抓，若無證據就不能隨便進學校抓學生！我有一個請求，你今天晚上驅離學生時，不能流血，若有學生流血，我要跟你拚命！」

（八）鞠躬盡瘁，死而後已

　　晚年傅斯年健康狀況不佳，患有高血壓。1950 年 12 月 20 日上午，傅斯年列席臺灣省參議會第五次會議，答覆參議員郭國基對臺灣大學招生宜放寬尺度等問題時強調：「我對有才能、有智力的窮學生，絕對要扶植他們！」由於過度激動，突患腦溢血逝世於議場，享年僅 55 歲，令人不勝唏噓。傅斯年逝世後，葬於臺灣大學校園，校內設有希臘式紀念亭「傅園」及「傅鐘」。

三、教育學說

李緒武（1998）指出，基於愛國、愛教育的讀書人情懷，傅斯年對於當時的教育制度與教育措施，極表不滿，力主改革。他批評現在的學校教育是層層過渡的教育、是游民教育、是資格教育、是階級教育。

因為是層層過渡的教育，所以每階段的教育都沒有既定的目的，學生入學都是以升學為目的，不是以求學為目的。改革之道在不要沿用「小學」、「初中」、「高中」、「大學」等具有階級式的名稱，例如小學宜改稱「國民學校」，並且每一階段的教育皆有其自身的目的，學生畢業後就業而不升學者應占多數，才算成功。

所謂資格教育，是說學生入學的目的，在混個資格，取得畢業文憑，以做升學之準備。這種學校教育愈發達，造成升學既無能力、就業又無一技之長的遊民也愈多。改革之道，要重視學生能力的訓練，也就是生產的訓練。

傅斯年亦認為現在的學校教育是階級的教育，也就是說，上層階級所受到的教育機會遠高於下層階級者。改革之道，係教育機會均等，使得教育不要因為貧富不均，影響窮學生的教育機會受到不公平的影響。改革之道，除要採用嚴格的考試制度來招生之外，民間和政府要大力設置清寒獎學金。他在臺大校長任內，除為大陸來臺無依無靠的好學生爭取救濟金之外，一方面撙節學校經費，為臺籍貧寒學生設置獎學金，便是此一理念的實踐。

焦潤明（2002）指出，除了教育機會均等的理想之外，傅斯年亦

有下列四個教育理想：其一是，品性教育與做人教育的理想，亦即教育的一個重要功能係在陶冶學生的品質，培養學生高尚的道德情操，使學生具國民意識和立誠的品質。其二是，培養國民綜合素養和能力的教育。其三是，實現學校的多樣化和個性化的理想，亦即學校辦學可以各有特色及因材施教，以發展學生的個性。其四是，平淡無奇的教育理想，亦即為學生創造出優雅的環境、濃厚的學術氛圍即可，讓學生「有房子住，有書唸，有好玩的東西玩」，便是好的教育。

在高等教育上，傅斯年主張大學是學術教育，應以學術為本位。對學生應著重培養問題探究的興趣與研究能力。在課程設置上，應廣泛推行講座制。普通課程應由最有學問與經驗的教授擔任，以便引導學生走向正確的探究學問之道。更重要的是，為實現學術教育的目的，大學應保持獨立性以及學術自由和思想自由的風氣，不受各派政黨、各派宗教的影響（焦潤明，2002）。這些見解均體現了傅斯年的自由主義教育思想。

四、對教師專業的啟示

綜觀傅斯年先生的事蹟與思想，有許多值得臺灣教育界學習的地方。首先，在教育行政機關上，應致力於教育制度與措施的改革。就筆者所關心的師資培育方面，我國師資職前培育已立法並取得一定的成效，但在初任教師導入輔導以及教師專業發展方面，我國的制度仍未法制化，以至於初任教師導入輔導未能普及化，資深教師的專業發展缺乏系統化、計畫性的推動，以及教師評鑑、教師換證、教師生涯

進階等制度迄今仍未建立，遠遠落後先進國家數十載，是令人相當心急與擔憂的事。

教育行政機關亦應重視教育機會均等理想的實現，對於偏鄉地區的學校要給予更多的關注和補助；對於處於性別、社會階級、族群等結構上弱勢的群體，應採用「積極性差別待遇」（positive discrimination）之方式，針對既有社會結構不平等現象做彌補，給予弱勢群體更多的資源，以保障其發展的機會。

其次，對於學校教育而言，中小學不應過度重視知識教育，以及過於強調學生的升學，成為「層層過渡的教育」、「資格教育」，也就是升學主義的幫手。反之，應重視學生五育的均衡發展，特別是學生在誠實等品性的培養，使學生成為有仁愛、能致誠的好國民。另外，學校也要發展特色，以特色、多樣化的教育活動來吸引學生，來發展學生音樂、美術、體育、科學探究等多元的智慧。

對於大學而言，應重視學術的追求，並堅持大學獨立自主，摒除政治與宗教的不當介入，更應強調「思想自由，兼容並包」。除重視學生的生活環境外，更應重視與要求學生在學術上的探究與學習，培養「懷疑、求真」之科學態度。

對於現代教師而言，傅斯年的思想與事蹟更有許多的啟示：

第一，教師應體認家庭教育的重要，而加強與家長的親師溝通，就像傅斯年的學習與人格發展受到其祖父與父母的影響，家長對其子女的影響甚為鉅大。是故如何借助家長的力量，和教師成為夥伴關係，共同達成教育的目標，是非常必要的。

第二，教師應體認其本身就是學生的最大貴人。透過貴人啟導，

孩子的潛能得以無限地發揮。就像傅斯年受到侯延堠、蔡元培、胡適等貴人協助一樣，教師對於學生的鼓勵、協助與教導，將影響學生人生的改變與發展，故教師要盡心盡力地栽培學生，並以學生的成就為榮。

第三，教師要有強烈教育機會均等的理念與實踐。對於社經文化背景弱勢的學生要特別關注與照顧。讓這些孩子有更多的鼓勵，有更多的獎助，有更多表現與發展的機會，才是真正公平的教育。而這種教育方式，才是最能提升學生附加價值的教育。

第四，教師要把每個學生都帶上來。得天下英才而教之，固是人生之一樂也；對於學習程度中等的，能夠提升其學習成就，是值得嘉許的；對於學習成就低落的學生，提升其學習潛能，才是最令人敬佩的，這樣才能落實傅斯年「個性化」教學、因材施教的教育理念。

第五，對於學生的學習發展，不宜過度強調學科知識的訓練，甚至流於升學主義的共犯結構之一，而是要加強學生能力與綜合素養的發展，而「學習能力指標」以及「核心素養」，分別是九年一貫課程綱要以及十二年國教課程綱要所要達成的教育目的。

第六，教師應有終身學習、終身反思的理念與實踐，並能與時俱進。須知知識進步，一日千里，教師若持保守封閉的文化，安於現狀，而不能與時俱進，勢將被時代所淘汰，反之，若能形塑進步開放的文化，本身不斷的成長與蛻變，才能帶給學生新知識、新技能、新生活適應的能力。

第七，教師的專業發展可以是個別的，更可以是群體的。就像傅斯年以科學的方法治學，並且倡導集體研究的方式，才能做出更好、

更豐碩的研究成果一樣，教師的專業發展亦可以採取「專業學習社群」的方式，這樣不但教師的學習可以更豐富化，更能形塑合作精進的教師文化。

五、對教學輔導教師的啟示

傅斯年的事蹟與學說對於教學輔導教師亦有許多啟示的地方：首先，教學輔導教師應體會「貴人啟導」的意義與價值。教學輔導教師除了是學生的貴人之外，亦是夥伴教師的貴人。經由貴人啟導，夥伴教師的教學與生活問題得以解決，教學能力得以發展，進而其學生的學習表現得以提升。能夠作為夥伴教師生命中的貴人，是一件很有意義的事。

基於集體合作的力量勝於個別的單打獨鬥，教學輔導教師在輔導夥伴教師時，固然可以採用個別輔導的方式，但是亦可以採用團體輔導的模式，由數位教學輔導教師與數位夥伴教師共同組成一個成長團體或者專業學習社群，透過團體的探究，來傳遞與建構集體的教學實務智慧。

教學輔導教師要把每個夥伴教師都帶上來。在輔導對象上，初任教師與新進教師往往是比較好帶的，也較易有成就感，但是對於教學有困難的教師，基於同事愛與教育愛，能夠協助其解決教學困難，進而使其成為適任的教師，是更有附加價值，也是更令人敬佩的善行義舉。

六、結語

　　傅斯年先生誠爲我國自由主義思想的大師級人物。他在新文化運動、建構歷史語言學、代理北京大學校長、擔任臺大校長皆有開創性的貢獻。他不顧自己的身體健康，鞠躬盡瘁、死而後已的精神，更是令人敬佩。謹此對先生的事蹟與思想，表達崇高的敬意。

參考文獻

李緒武（1998）。傅斯年。載於劉眞（主編），**師道**（頁 408-418）。臺北市：國立教育資料館。

維基百科（主編）（2020 年 12 月 16 日）。**傅斯年**。取自 https://zh.wikipedia.org/wiki/%E5%82%85%E6%96%AF%E5%B9%B4

焦潤明（2002）。**傅斯年傳**。北京市：人民出版社。

傅樂成（1979）。**傅孟眞先生年譜**。臺北市：傳記文學出版社。

歐素瑛（2006）。臺灣大學自由學風的捍衛者——傅斯年。載於國立教育資料館（主編），**教育愛：臺灣教育人物誌**（頁 49-60）。臺北市：國立教育資料館。

5

劉真 臺灣師範教育之父

一、前言

劉真先生（1912-2012）係國立臺灣師範大學改制為大學後之首任校長，曾任臺灣省政府教育廳長、國立政治大學教育研究所所長等職，對於我國師範教育、教育行政與教育學術，有卓越的貢獻，素有「臺灣師範教育之父」令譽，是非常值得教師們學習的大教育家。茲先略述其生平事蹟，再說明其在師道上的學說，最後再評述其生平事蹟與學說對教師專業與教學輔導教師的啟示。

二、生平簡述

依據黃守誠（1998）以及劉真先生學術基金會（2012）的論述，劉真先生的生平可以簡述如下：

（一）扎實學習的童年

劉真，字白如，1912 年生於大陸安徽省鳳臺縣的一個小康家庭。自小聰穎好學，親受篤信儒家思想的父親《三字經》、《百家姓》、《千家詩》、《千字文》的啟蒙教育，而母親的四點教誨：不說謊、不罵人、不打架、不賭博，則形塑了他恕人自律的人格風範。

及長，在戰亂的民國初年，先生刻苦求學，先後就讀於家鄉之毓秀小學及壽縣初中，各科成績表現優異，尤在國文及作文上，在班上無人能出其右。由於國學底子扎實，又能吸收西洋新知，再加上優秀的作文能力，遂奠定其後從事教育行政以及教育學術的良好基礎。

（二）立志獻身教育

在 1929 年，先生欲投考安徽大學預科文組，然家道中落，無力就學，幸獲邀擔任張集小學代課教師，乃得以約 40 銀圓的薪資所得，投考安徽大學並獲錄取爲預科生。1931 年預科畢業後，因立志獻身教育，乃選讀安徽大學哲學教育學系。因家貧，先生課餘以寫作投稿以及批改作文賺取學費及生活費。因認眞向學及卓越的語文能力，受安徽大學知名教授趙廷爲、周予同等賞識，爲國內知名雜誌，如商務印書館的《東方雜誌》、開明書店的《中學生》等，聯名合寫文稿，並曾在兩個月的課餘時間翻譯完《新式測驗編造法》，與趙廷爲教授聯名合著送開明書局出版。

在安徽大學學習六年後，先生與同班同學石裕清小姐（黃花崗七十二烈士石德寬先生之女）在 1935 年同赴日本留學。先生就讀東京高等師範教育科，主修心理學，石女士則就讀東京文理科大學大學院，亦主修心理學。1937 年先生與石女士喜結連理。然新婚不久，即因「七七事變」爆發，基於強烈的愛國心，劉眞夫婦便束裝回國，參加對日抗戰的大業。

（三）受命整頓師院，施展行政長才

1938 年，先生因刊載於湖北武漢《掃蕩報》的一篇文章〈湖北中學聯合設立之教育意義〉，受到當時任第九戰區司令官陳誠將軍的賞識，受邀歷任陳將軍的少校侍從祕書、中校侍從祕書兼任中央訓練團主任祕書、上校侍從祕書等職。唯因志在教育，先生於 1940 年請

求卸下軍職，轉任國立湖北師範學院教授，主授「教育行政」、「中等教育」、「倫理學」等。先生教學非常認眞，每堂課皆爲學生準備詳盡的講義。在研究上著有《教育行政》、《儒家倫理思想概要》等書。在服務上，先生兼任訓導工作。可謂是教學、研究、服務三者兼備的好老師。

1949 年，臺灣省立師範學院（國立臺灣師範大學前身）與國立臺灣大學發生「四六學潮」。劉真先生受臺灣省政府主席陳誠之令，擔任「師範學院學風整頓委員會主任委員兼代院長」。先生臨危受命，勇於負責，經過一個多月的疏導，四六學潮平靜落幕。劉真先生乃開始了他在臺灣省立師範學院八年四個月的辦學與建設，奠定了今日臺師大的深厚發展基礎。劉真先生在臺師大任內的貢獻主要有六：

1. 解決校地問題：由於校本部校地狹窄，只夠一所中學的規模，不利於大學的發展。劉校長於接任院長的首要之務便是呈請省政府將校本部對面的一塊農地撥給師院，即爲現臺師大圖書館、教育學院、科技與工程學院等之用地。

2. 禮聘名師任教：本諸「大學教授乃大學的靈魂」之理念，劉真先生求才若渴，一上任即禮聘黃君壁、陳大齊、梁實秋、錢穆、楊亮功、劉季洪、孫亢曾、田培林、蘇雪林等名教授來校任教。一時之間，師院成爲大師碩儒匯集之所，不但增進了師院的聲譽，而且也帶給學生陣容堅強的師資。

3. 修建男、女生宿舍，加強生活輔導：爲了改善學生的生活品質以及使學生就近學習，乃積極修建男、女生宿舍，要求學生一律住校。另手訂「誠、正、勤、樸」四字爲校訓，以身作則，躬身篤行，形

塑師院優良之校風。

4. 興建圖書館：「圖書館是大學的心臟」，可見圖書館在大學教育中的重要性。在劉校長多方奔走下，在校本部對面的校地蓋了一個規模為全省各院校之冠的圖書館。

5. 加強文史教育：有鑑於語文為研究學術的基本工具，而語言更是教學的基本能力，劉校長乃訂定國語、國文、英文三科的標準考試，凡學期考試與畢業考試未達標準者，不得升級或畢業。另舉辦文史系列講座，加強師院生的通識學養。

6. 師院升格為臺灣師大：在劉校長盡心盡力辦學下，學校的發展有了長足的進步，乃於 1955 年，也就是劉校長接任師院第七年的 6 月 5 日，正式升格為臺灣省立師範大學，繼由劉校長擔任第一任校長。

（四）接掌教育廳長，戮力教育建設

1957 年，先生受臺灣省政府主席周至柔將軍的力邀以及層峰的命令，不得不離開他付出過太多心血、一心所繫的師範大學，接掌臺灣省教育廳長，投入臺灣省的教育建設工作。

任職教育廳長五年多期間，劉真先生努力摒除官場的形式主義、權力關係，抱持著認真踏實、服務學校的理念。對所屬學校，以校長的辦學為中心，做到「少干涉，多協助；少命令，多商量」；對教育行政事務則力求達成「教育人事制度化」、「教育設備標準化」、「教育方法科學化」等三項目標。

在劉真先生的努力下，雖然當時臺灣國民經濟仍在極端困窮之

際，臺灣省的國民教育、職業教育以及高等教育皆有明顯的發展與進步。另外，在下述三方面上，更為國人所稱道：

1. 提高中小學教師待遇：呈請省政府自 1957 年起，提高中等學校處主任、導師、組長的職務加給，提高中等學校教員兼課及代課鐘點費，並自 1958 年 8 月起，加發中小學教師每月研究費一百元。另外，訂定《省立中小學教職員婚喪節約互助辦法》，提供中小學教師在婚喪喜慶上的節約和互助。

2. 籌集與管理教職員福利基金：在不增加政府預算下，善用家長會費，成立與管理中小學校教職員福利基金，除將之用於「大專院校助學貸金」、「退休補助金」、「遴選中小學教師出國考察」等之外，亦興建了日月潭、臺中、臺北等三處教師會館，方便教師進修及其與眷屬之旅遊。

3. 強化師範教育：考量世界發展潮流，在 1960 年起，分期將全省九所師範學校升格為師範專科學校，以臺北、臺中、臺南三所師範學校先行改制，使臺灣省的師資職前培育從此步入新的里程碑。另外，為了加強教師的專業成長，在臺師大創設了「中學在職教師研習中心」，以及在廳內成立「臺灣省國民教育巡迴輔導團」。

（五）任教政大，重回教書育人的工作

　　1962 年，隨著周至柔將軍卸任臺灣省政府主席，劉真先生得以力辭教育廳長一職獲准。隨後應國立政治大學校長劉季洪力邀擔任政治大學教授，重新回到他所喜愛的教書育人工作。先生主授「教育行政」與「教育專題研究」等課程，並於 1964 年接任政大教育研究所

所長職務長達十年之久，任內延攬錢穆、陳大齊等名師講學，並創辦宗教哲學講座，編印《近代中國教育史料叢刊》、《師道》、《宗教與教育》等書，對政大教育系所今日能成為國內教育學界龍頭之一，有其卓越的貢獻。

（六）耄耋之年，仍戮力教育建設

1957 年，先生任國家安全委員會議國家建設計畫委員會委員兼文化組副召集人。1972 年該會易名為「國家安全會議國家建設研究委員會」，續聘先生為文化組主任。先生對我國教育、文化、大眾傳播、觀光事業政策之設計研究與審議，多所貢獻。

更難能可貴的是，在 1982 年，先生時年已逾七十高齡，仍為我國學制之改革，擔任教育部學制改革研究小組召集人。1989 年，擔任教育部人文及社會科學教育指導委員會主任委員。1991 年，應國立編譯館之邀擔任《教育大辭書》編纂主任委員。1995 年，任中華文化復興運動總會副會長。先生老當益壯，對於我國的教育與文化建設仍有所奉獻，實在令人敬佩！

三、教育學說

劉真先生最令國人景仰與感懷的，還是他對弘揚師道的不遺餘力。其具體事實有二：其一是在師範學院校長任內依據國文系教授程發軔之考證研究，呈請教育部審定孔子誕辰暨教師節為 9 月 28 日，該日放假一天。其二是在教育廳長任內，為了對教書的老師表示尊

重，由教育廳通令各校一律將「教員」改稱爲「教師」。

劉真（1998a）在〈教書匠與教育家〉一文中指出，作爲經師（教書匠）已是不易，要具有以下條件：法定的教師資格、豐富的教材知識、純熟的教學方法、專業的服務精神；作爲人師（教育家）更是難得，要具有以下精神內涵：具慈母般的愛心、園丁般的耐心、教士般的熱忱、聖哲般的懷抱。他勉勵教師們成爲經師與人師兼具的好老師。

劉真（1998b）的〈中國的師道〉以及黃文樹（2014）的〈晚近師道觀──以劉真、張光甫爲中心的考察〉，說明了劉真在師道上的中心思想：

1. 仁愛爲本：從仁愛爲本出發，教師應該要有仁心，要有教育愛，而以服務社會、造福人群爲人生的目的。

2. 有教無類：教師對聰明的學生固然要樂予施教，對愚笨的學生更應善加誘導。同樣地，對於宗教信仰、經濟環境不同的學生，亦應同等施教。

3. 因材施教：爲發展每個學生特有的天賦潛能，教師宜採取各種可能的途徑來了解學生學習性向，並提供多樣化的教材、教法、評量與輔導。

4. 以身作則：「學爲良師，行爲世範」。在學問上，教師應以身作則的求知探索；在品行上，教師應注意自己的一言一行，做學生道德上的楷模。

5. 教學相長：學無止境，不進則退。教師之主要職責既在教育學生，自須不斷進德修業，與時俱進。《禮記・學記》篇說：「學，然後

知不足；教，然後知困。知不足，然後能自反；知困，然後能自強也。故曰教學相長也。」

6. 樂道自得：教師的物質生活可能比較清苦一些，但是精神生活卻最為富有。就劉真先生自己而言，終身忙碌不已，但他始終力行「三自主義」：自得其樂、自食其力、自強不息，便是一個典範。

四、對教師專業的啟示

綜觀劉真先生的言行與學說，有許多值得臺灣教育界，特別是老師們學習的地方：首先，作為一位好老師，應要「經師」與「人師」兼備。要成為經師，除了要有法定的教師資格，更要追求豐富的教材知識、純熟的教學方法、專業的服務精神。要成為人師，便要具有劉真先生所說的四個特質：具慈母般的愛心、園丁般的耐心、教士般的熱忱、聖哲般的懷抱。

其次，誠如劉真在處理教育行政時，處處以校長的辦學為中心做考量。我們做校長的，應以教師的教學為中心做考量，而做老師當有以學生學習為中心的教學理念。如果行政能夠服務教師教學，而教師教學能夠提升學生學習，教育目標的達成便不成問題。

第三，有教無類的「教育愛」恆是教育的指南。教師不僅對於品學兼優、家境富裕的學生要教；對於品學兼劣或是家境清貧的學生更要付出較多的仁慈和心力，把這些學生教會、教好，這樣才是真正的教育。

第四，因材施教是千古不易的教學原則。要能因材施教，首在透

過各種評量，了解學生的資質與學習風格，然後在教材教法上加以調整，讓每個學生都能得到適性的發展、都能學習成功，便是教師存在的目的。

第五，教學方法要科學化、藝術化、多樣化。就像教育行政要科學化一樣，教學方法也要科學化。透過科學化的方法，準確評量學生的學習程度和學習風格，然後以多樣化的教學方法適應學生的個別差異。另外，教學情境千變萬化，教師也要如藝術家般，靈活運用語言、表情、動作、圖像組織等創造性教學活動，有效加以因應，並形成自己一套獨具的教學風格。

第六，教師要有服務的人生觀，透過服務，而不是權威或權力，來帶領學生成長。在學生的需要上看到自己的責任；把學生的成長視為第一要務；以學生的成就作為自己的榮耀。這種「服務領導」（servant leadership）的觀念，不但適用於教育行政人員和學校校長，也是很適用於學校老師的。

第七，教師要能以身作則。言教不如身教，要求學生做好一件事，自己便要以身作則做到。就像劉真校長接掌省立師範學院後開學恢復上課的第一天，即規定住校生每日清晨必須參加升旗典禮和朝會，在他主持校務凡八年多期間，除了因公離開臺北之外，從未一天不參加升旗。這種以身作則的精神，自然會對師範生發生潛移默化的教育作用。

第八，教師要有終身學習的理念。教師是一個傳播知識的行業，而知識的半衰期又是那麼的快速，如果不能時時進修、刻刻在現場的教學經驗中反思成長，那麼不但自己的教學實務智慧無法建構，教給

學生也常是過時的知識與經驗。

最後，教師要有樂道自得的心態。就如同劉真先生「三自主義」中的自得其樂，教師是個精神富貴的行業。老師看到學生有成就，如同父母般看到自己的孩子有成就，其樂也融融。更何況，在當今的臺灣社會，中小學教師的薪資不差，又有寒暑假和進修成長的機會，是許多國人所稱羨的行業。

五、對教學輔導教師的啟示

教學輔導教師固然要對學生有教育愛，對於同仁亦宜有教育愛。以愛與服務的心態，對夥伴教師實施服務領導。在夥伴教師的需要上，看到自己的責任；以服務夥伴教師為快樂的來源，並培養夥伴教師將來也能成為服務他人的服務領導者。

教學輔導教師作為夥伴教師的「師傅教師」，要能以身作則，發揮潛移默化的作用。教學輔導教師的一言一行、對於夥伴教師的期望，以及與夥伴教師的互動等，深深影響夥伴教師的學習與成長，是一種隱藏的、難以預期的「潛在課程」（hidden curriculum）。

由於每一位夥伴教師的教學風格和成長需求皆不同，教學輔導教師要能「因材施導」。心存以夥伴教師為中心的理念，以了解夥伴教師的教學風格、滿足夥伴教師的成長需求為要務，進而實施個別化的輔導。

為因應夥伴教師的不同學習風格與特質，輔導方法要科學化、多樣化、藝術化。以科學的方法診斷夥伴教師的問題與需求；以多樣的

輔導模式與策略，來滿足夥伴教師多樣的學習風格與學習需求；以藝術家的手法，靈活運用各種教學輔導技巧。

最後，教學輔導教師在教導夥伴教師的過程中會有「教學相長」的效果。教學輔導並不是一味付出的歷程，在過程中除了可以享受助人的喜悅之外，對於自己的教學能力與輔導技巧也會同步成長，實是利人利己的雙贏工作。

六、結語

劉真先生活了一○一歲，是個高齡人瑞。但這並不重要，重要的是他終身奉獻於教育，見證了臺灣教育的發展與進步。特別是在師範教育上的卓越貢獻，是師道的象徵，是中小學師資培育的精神導師。哲人雖已逝，典型在宿昔。其所留下的德行、學術、事功、文采，將永遠為教育界人士所景仰。

參考文獻

黃文樹（2014）。晚近師道觀──以劉真、張光甫為中心的考察。
　　樹德科技大學學報，**16**(1)，83-105。

黃守誠（1998）。**劉真傳**。臺北市：三民書局。

劉真（1998a）。教書匠與教育家。載於劉真主編，**師道**（頁 768-
　　783）。臺北市：國立教育資料館。

劉真（1998b）。中國的師道。載於劉真主編，**師道**（頁 746-
　　759）。臺北市：國立教育資料館。

劉真先生學術基金會（2012）。弘揚師道的教育家──劉真。載於謝
　　雅惠、張雲龍、王淑珍執行編輯，**教育愛：臺灣教育人物誌 VI**
　　（頁 107-117）。臺北市：國家教育研究院。

6

田培林　文化教育的開創者

一、前言

田培林先生（1893-1975）生於苦難的中國，及長學有所成，一生爲我國的教育無私地奉獻與付出，被譽爲「中國文化教育大師」（周愚文，1992）、「老師的老師」（歐陽教、施宜煌，2006），對於我國的教育行政、高等教育以及師資培育等，皆有卓越的貢獻。其言行事蹟，有諸多值得教育界學習與效法之處。是故，先略述其生平事蹟，再說明其教育學說，最後再闡述其生平事蹟與學說對教師專業與教學輔導教師的啟示。

二、生平簡述

依據賈馥茗（1976，1985）、周愚文（1992）以及歐陽教、施宜煌（2006）的論述，田培林先生的生平可以簡述如下：

（一）生於富厚積善之家，認真求學

田培林，字伯蒼，大陸河南省襄城縣人，生於清光緒 19 年（1893），正值滿清腐敗、列強割據中國之際，先生一生遂與苦難的中國命運同步。然在此艱苦卓絕之際，更激起其教育救國的雄心壯志。

先生出生時，家道殷實，父樹棠公，經商兼及社會公益，扶危濟困，造福鄉里，受人欽敬。母宋氏，相夫教子，係鄉親所尊重的賢妻良母。

先生幼秉庭訓，先啟蒙於私塾，後進河南襄城「高等小學堂」，開始接受新式教育。畢業後考取許州中學堂。中學畢業後，先入民國大學，但因不滿袁世凱將「民國大學」改名為「朝陽大學」（鳳鳴朝陽，有勸進帝位之意），乃轉學北京大學，並於 1920 年畢業於北京大學哲學系。

先生大學求學期間，因家境富裕，課餘喜歡吃小館、聽京戲、逛書攤。逛書店，是先生最大的樂趣。偶然也蒐集一些小巧的珍玩，也是消遣之一途。買好書、讀好書，培養了先生終身學習的習慣。

先生求學期間躬逢 1919 年的「五四運動」，該運動對其教育救國的情懷產生深刻影響。另在北大期間，先生並沒有因為倡導白話文聞名，但亦實際從事白話文的推廣工作，且養成了寫白話文的能力與習慣。

（二）初任教職，展現教學與行政才華

北大畢業後，田培林旋即應聘任教於河北保定育德中學。先生初任教職，即表現出循循善誘、誨人不倦之風範，除了樂於接近學生、輔導學生之外，對於學生國語文能力的提升，尤有顯著的成就。

先生於 1921 年，為服務鄉梓，返回河南，先後任教於河南省立第一、第二中學、開封男女師範、法政專科學校等校。在河南任教期間，先生於 1922 年，當選河南全省各級學校教職員聯合會評議會主席。在主席任內，先生展現行政長才，除力爭以各縣契稅作為教育專款專用之外，亦倡導學術講學風氣並創立《少年河南週刊》，對河南學子新知識的灌輸、新思想的啟發有功。

1928 年先生重返北平，陸續任教於國立女子師範大學、北平大學法商學院、俄文法政專科學校。1932 年又擔任河北省立女子師範學院教授。直至中年負笈德國深造為止，先生於任教國內中等與高等教育已長達十五年之久。

（三）中年留學，學而不厭的精神

田培林畢業於北京大學後，曾獲得一項出國留學的獎學金，但因為要侍奉雙親而放棄了。直至 1935 年，太公與太夫人相繼謝世後，才遠赴德國，入柏林大學深造，師事該校校長、德國文化學派大師斯普朗格（E. Spranger, 1882-1963），習得斯氏之思想精髓。先生日後倡導「教育即文化」、「教育的愛」等，皆是受到乃師影響。留德期間，先生不僅留意理論之學習，對於德國學制以及德國教育行政組織與實務亦頗為留意，企盼能吸取他人之長，以為國用。

（四）讀書報國，戮力對日抗戰期間的政教工作

1939 年，田培林榮獲哲學博士，隨即返國服務。此時日寇已侵華二載，神州沉淪，烽火遍野。先生以書生救國之志，先後擔任西南聯大師範學院教育系教授、國立同濟大學教授、國立河南大學校長、西北農學院院長等職，在日軍日以繼夜的轟炸中，弦歌不絕於烽火之中。

另先生基於愛國的義憤而出任黨政工作。1941 年以學人身分應邀出任中國國民黨中央組織部訓練處處長、第六屆中央委員、三民主義青年團第二屆中央幹事等職。期間又當選國民參政員，對時政多所

建言。1946 年，抗戰勝利返都南京後，擔任教育部常務次長。處理行政工作，先生為人耿介剛直，處事明快果決，對於不合理的事，堅守原則，不假辭色。來臺後，先生深思個性上過於剛直的缺點，故常勉勵從事教育行政工作的學生，要「堅守原則，廣結善緣」。

1945 年臺灣光復之初，先生代表當時中央政府來臺視察教育之情形，是當時視察教育情形的最高層級官員，對於臺灣教育的推動，特別是國語的推行，有篳路藍縷、以啟山林之功。

（五）奉獻後半生於臺灣師範大學

1949 年，田培林脫離政壇，應聘為臺灣省立師範學院教育系教授。1953 年接任系主任。1955 年，該校奉准改制為臺灣省立師範大學，先生受聘主持教育學院，旋開創教育研究所，極力培植教育研究的人才。教育研究所的畢業生，多數在國內大學任教；出國深造，得到高級學位之後，又回國任教，並從事教育研究的人頗多，是先生晚年頗引以為慰的事。先生作育英才無數，對臺灣教育界的影響深遠，例如臺灣教育先進如賈馥茗先生、伍振鷟先生、黃昆輝先生、郭為藩先生、林清江先生、歐陽教先生、簡茂發先生、黃光雄先生等，皆為田培林先生所栽培的教育界菁英。

先生除重視學生研究能力的提升之外，亦頗重視教師學位的取得與研究能力的提升。先生致力於開啟教授進修的途徑，因而師範大學講師獲得亞洲基金會出國深造者頗多。另促進中山獎學金基金會增設教育學門。至國科會成立，師大教授得到研究補助或出國進修者歷年皆不少。

1967 年 7 月，臺灣省立師範大學升格爲「國立臺灣師範大學」，分設教育、文、理、藝術四學院。而國立臺灣師範大學係先生任教最長的學校，可以說是先生把後半生皆奉獻給該校以及臺灣教育的發展，先生在該校任教二十二年，直至 1971 年申請退休。退休後，關心教育如故，閱讀新出版教育及哲學期刊，兼及各種新知識，從未間斷。

先生退休後，時值我國退出聯合國、中日斷交、國事多艱之際，先生在憂國憂民情懷中，於 1975 年 5 月 9 日病逝於臺北臺大醫院，享年八十有三。遺囑：「不開治喪會，不發訃，不公祭，不受賻，不請褒飾。」其耿介情操，可見一斑。

三、教育學說

周愚文（1992）指出，田培林先生的教育思想主要可分成「哲學路線」、「教育與文化」及「教育史」等三部分。在哲學路線上，先生一生研究教育，係建基於哲學之上，由哲學出發來分析教育的對象與本質，進而檢討教育的現象與問題。換句話說，先生在思考邏輯上，是先理論後實務，先把握本質再來批判現象。

在教育與文化上，賈馥茗、林逢祺、洪仁進與葉坤靈（2003）闡明先生的文化整體觀，認爲文化是人類精神活動所創造出來的價值總體。亦即，在人類演進的過程中，在時間的延續以及人類所居留的環境這兩個時空因素下，人類以獨有的智慧製造、發明、並創造，生產了自然界原來沒有的東西，其中有些是物質的，如器物之類，有些是

形式的，如文學、藝術和各種典章制度，這些提高了人類的精神，才是文化的主要內容，再加上物質的改進，成為日益進步的文化整體。

周愚文（1992）亦認為先生的中心觀念係教育與文化。沒有文化，固然缺乏教育的內涵（文化材）；沒有教育，文化便無法進步。教育與文化這兩個概念有一種內在的交叉、連環，不能分解的關係。「教育即文化」：由教育而使文化綿延不斷，是教育的傳遞的功能；由教育產生文化是教育的創造功能。可見教育在文化發展上的功能。

在教育史的重視上，先生主張治學，除了哲學的角度外，尚須從歷史的角度來剖析問題，方能掌握教育的歷程是一種改變、發展與進步的歷史。先生認為教育研究可分為系統的研究，即教育學，以及歷史的研究，亦即教育史，兩部分綜合起來，便是教育科學（周愚文，1992）。

此外，周愚文（1992）指出田培林先生的另一個教育思想便是「教育的愛」。教育的愛至少有兩個特點：其一是教育的愛沒有固定的對象，所愛的是全部的學生。其二，教育的愛不計被愛者價值的高低，反而從低價值入手，使其變為具有高價值的。然教育的愛並不等同於讓兒童自然發展的愛，而是有目的、有計畫、有方法的愛。

另施宜煌（2013）從師資培育觀、教育制度觀與學校教育觀等三個觀點，來論述田培林先生的教育思想。在師資培育方面，師資「教育」不等同於「訓練」，更重要的是教師品格的培養，才能使教師成為人師，並以身弘道。此外，教育實習及教師進修也事關教師品質的提升。在教育制度方面，先有學校再形成制度，所以由下而上的變革本是正常的教育現象。另外，建立以自己文化傳統為基礎的教育

制度，才能綿延與發展本國的文化。在學校教育方面，學校不等同於社會，學校教育的任務不能只重視「知識教育」，應同時追求人生的「眞」、「善」、「美」。

四、對教師專業的啟示

綜觀田培林先生的事蹟與思想，有許多值得臺灣教育界，特別是老師們學習的地方。首先，對於師資培育機構而言，師資培育機構應加強教育理論的研究，特別是教育哲學以及教育史的研究，才能建構完整的教育學理論體系，並將之有計畫、有方法地傳授給師資生，並鼓勵師資生在實務情境中，加以有效應用，才能培養出既爲「經師」又爲「人師」的好老師。

其次，師資培育機構與各級學校應重視教育實習與教師進修的功能，使教育實習發揮「畫龍點睛」的作用，產生理論與實務整合的功能，培養師資生理論與實務兼備的能力，並經由教師進修管道的普及化、進修內涵的提升，讓教師成爲能與時俱進的終身學習者。

對於教育行政機關而言，教育行政機關應體認「先有學校再形成制度」的教育史實，所以由下而上的變革是非常值得鼓勵與推動的，而不能一味的實施「由上而下」的改革，如此才能讓學校發揮學校本位管理的功能，而教師也才能發揮教師領導的無限潛能。對於教育行政人員而言，田培林先生的「張公道，辨是非，明賞罰，名覈實」的作事原則是很值得學習的。但是除了堅守原則外，先生亦認爲「處世圓融，廣結善緣」也是教育行政人員應有的修爲。

對於教師而言，田培林先生的言行與思想有更多的啟發性。首先還是在「教育的愛」，先生不但是教育的愛之倡導者，更是教育的愛之實踐者，其對學生的學業要求是嚴格的，但對學生的生活、就業以及未來的發展是無微不至的照顧與關心的。是故，教師宜對全部的學生之學習進步付出無盡的愛，特別是對價值層次較低的學生，如文化社經地位弱勢的學童，付出更多的心血，才能創造更大的教育價值。但教師的愛不是縱容學生的缺失，而是要有計畫、有系統的導引。

其次，一位經師與人師兼備的好老師，除了要有心理學與社會學的基礎外，教育哲學與教育史的基礎也是相當重要的。有了教育哲學的啟迪，教師才能認清教育的本質，而不會受不當教育現象的宰制；有了教育史的薰陶，教師才能鑑往知來，對教育的改變、發展與進步，掌握其關鍵因素。很可惜的，在當前的師資培育課程中，教育史並未獲得應有的重視，以致影響現代教師普遍缺乏史學素養，這是令人遺憾的事。

再者，教師的施教，要重視文化傳承與創造的功能，特別是要體認人類的精神，才是文化的主要內容，而物質只是文化的一部分。在教育內容上，不能只偏重人類科技文明的介紹，亦應同等重視人類精神文明的創造。換句話說，應科技與人文並重，才是完整的教育。

教師教導學生，不應只重視知識的傳遞，更應重視知識的生產與創造。另鼓勵學生追求知識的「真」，只是其人生一部分，亦應同等重視品格的「善」與藝術的「美」之提升，才是完美的人生。換言之，全人教育或者德智體群美五育均衡發展的教育才是國民教育的真正本質與目的。

田培林先生活到老、學到老以及自我反思的精神與事蹟，也是值得教師學習的。誠如先生之弟子林清江先生的名言：「人生有三寶：終身運動、終身學習、終身反省。」教師如能終身學習，便不會「以過去所學的知識，教導現在的兒童，適應未來的社會」。教師如能終身反思，當能成為一位有智慧、能不斷自我改善的教學實務工作者。

　　最後，田培林先生一身奉獻教育的精神，也是吾輩們所效法和學習的。綜觀先生一生，早歲即致力於大陸的教育工作，企圖以教育救國，來臺後之後半生仍本諸教育愛奮戰不懈，春風化雨，育才無數。奉獻教育五十餘年，仍不改其志。退休後，仍不斷追求新知及關心國事。死時遺囑力求低調，不求虛名。這種只為別人、不為自己、務實奉獻的精神，確實永垂不朽。

五、對教學輔導教師啟示

　　田培林先生的事蹟與學說對教學輔導教師也有若干啟示：

　　第一，田培林先生一身奉獻教育的精神，很值得教學輔導教師學習。教學輔導是一個助人的專業工作，教學輔導教師要有「修己成人」的理念，把所學與教學經驗奉獻給夥伴教師，以成就夥伴教師為自己的成就。

　　第二，田培林先生活到老、學到老的精神也是很值得學習的。須知教學與教學輔導的知識與技巧日新月異，教學輔導教師也要不斷的學習與反思，才能帶給夥伴教師最好的學習與成長經驗。

　　第三，教學輔導教師是教育的愛之實踐者，其對夥伴教師的要求

是合理的，但對夥伴教師的生活、教學適應以及未來的發展是無微不至的照顧與關心的。除對初任教師、新進教師關心與輔導外，對於教學困難教師宜付出更多的心血，才能創造更大的教育價值。

第四，教學輔導教師是教學文化的傳遞者與創造者。教學輔導教師不僅把教學文化的薪火相傳給夥伴教師，而且在與夥伴教師互動過程中，創造一個更正向、更溫馨、更開放、更合作的教學文化，進而建設一個更美好的教育社群。

六、結語

田培林先生誠為我國文化教育的開創者、師資培育的典範者。在教學上，倡導並力行教育的愛，作育英才，桃李滿天下；在研究上，係我國教育哲學與教育史學的先驅；在服務上，對於我國國民教育、高等教育、師範教育等皆有前瞻而卓著的貢獻。謹對先生的事蹟與思想，表達至高無上的敬意。

參考文獻

周愚文（1992）。中國文化教育大師——田培林。載於劉焜輝（主編），人類航路的燈塔：當代教育思想家（頁 92-109）。臺北市：正中。

施宜煌（2013）。田培林的教育思想研究。**大葉大學通識教育學報，12**，15-36。

賈馥茗（1976）。田培林先生的教育思想簡述。載於賈馥茗、黃昆輝（主編），**教育論叢（二）**（頁 1-46）。臺北市：文景。

賈馥茗（1985）。田培林。載於秦孝儀（主編），**中華民國名人傳《第三冊》**（頁 83-100）。臺北市：近代中國。

賈馥茗、林逢祺、洪仁進、葉坤靈（2003）。**中西重要教育思想家**。新北市：國立空中大學。

歐陽教、施宜煌（2006）。老師的老師——田培林。載於國立教育資料館（主編），**教育愛：臺灣教育人物誌**（頁 17-36）。臺北市：國立教育資料館。

7

賈馥茗 教育學體系建構者

一、前言

　　賈馥茗先生（1926-2008），係筆者就讀國立臺灣師範大學教育研究所的老師，也是我國現代史上著名的教育學者。先生以仁待人，以誠律己，做學問極為嚴謹，不但創建了我國教育學體系，也培育了無數教育學者與教育實務人員，在教育界譽滿士林。其言行事蹟與教育學說，有諸多值得教育界學習與效法之處。是故，先略述其生平事蹟，再說明其教育學說，最後再闡述其生平事蹟與學說對教師專業與教學輔導教師的啟示。

二、生平簡述

　　依據王萍（1992）、林逢祺（1999）的論述，賈馥茗先生的生平可以簡述如下：

（一）出生公教家庭，刻苦求學的生涯

　　賈馥茗，大陸河北省青縣人，生於民國 15 年（1926），祖父賈培亭先生，是青縣的刑名師爺，主管全縣司法事務。父親賈桂馨先生，為民初法官，為人正直謙和，清廉愛民，剛正守紀，不畏權勢。父親疼愛賈師，常關心並協助賈師課業，對於賈師的為學與做人有深遠的影響。母親顧若愚女士，克勤克儉，辛苦操持家務之餘，常為鄉民與親友排解困難，對於賈師勤勉與刻苦的精神亦有深遠影響。

　　1930 年先生就讀於青縣縣立女子完全小學，學業表現優秀，並

在大姐（任教該小學並擔任賈師寫字課的老師）的激勵與大嫂邵紉蘭女士的調教下，寫得一手外型娟秀、內蘊蒼勁的好書法。1936 年賈師小學畢業後，考入天津河北省立女師學院附中就讀，成績很好，且因與二哥、二姐同在天津就學，是人生中難得的美好時光。

然這樣求學的甜蜜時光只持續了一年之久，1937 年七七事變爆發，先生開始一連串艱苦的逃難歲月。為躲避日軍襲擊，舉家逃難，由河北青縣一路走向山東，途中處境艱難，甚至到行乞度日和住救濟院的地步。戰爭的可怕，逃難的艱辛，賈師點滴在心頭。

流亡他鄉，生活的艱難，迫使賈師舉家回到河北青縣，賈師輟學在家八年，幸好大姐、二姐和二哥讀過的書都留著，賈師遂發憤苦讀，手不釋卷，初二至高中的學習內容完全以自學完成。

1940 年，賈師通過小學教師檢定考試，應聘到河北省樂亭縣雲祥小學擔任教師，任教一年半。1941 年暑假過後，應聘回母校青縣縣立女子完全小學任教，當時該校校長係賈師之大嫂邵紉蘭女士。賈師任教直至 1945 年抗戰勝利，才因專心準備大學入學考試而去職。賈師任教期間，由於年紀輕，能和學生玩在一起，所以學生非常喜歡親近賈師，而賈師也深覺教師生涯和樂融融，是一個理想的事業。

（二）在殘酷內戰中，顛沛流離的流亡學生生涯

1946 年 3 月，賈師入天津中學進修班就學，後轉往北平中學進修班完成高三的課程，同年報考並獲錄取南開大學、北京師大及天津女師學院，賈師選擇北京師大教育系就讀。然入學後卻只過了一年較安穩的大學生活。二年級開始，左派學生運動風起雲湧，校園從此不

得寧靜。

1949 年，隨著共產黨逐漸占領北方，賈師與一些同學踏上了孤獨的流亡學生生涯。先赴湖南南嶽師範學院就讀，後由於時局不穩，轉至廣州，一路餐風宿露，備盡苦寒，未久，幾經艱辛，方得渡海來到臺灣。

遷至臺灣的賈師，有一段時間露宿街頭，最後在友人協助下，得以夜宿小學教室，但早上六點前就得起床離開教室。白天的時候省教育廳有爲流亡學生準備的簡單飯菜，但由於粥少僧多，賈師常一碗飯加些醬油和醋，一天就這樣打發了，其餘時間就到圖書館看書度日。

（三）求學夙志得酬，留學美國

1949 年 9 月，賈師考入臺灣省立師範學院教育系（今國立臺灣師範大學教育學系）就讀四年級，開始有較穩定的求學生涯。1950 年，賈師大學畢業，公務人員高等考試及格，然賈師選擇任教臺北女子師範學校（今臺北市立大學），兼任訓育組長，並兼管一間宿舍，1954 年則出任訓導主任。除了行政工作外，賈師還擔任「教育概論」、「教育史」、「測驗統計」等科目的教學任務。由於賈師教學認眞，行事公正穩健，深得學生愛戴。

1955 年，賈師考取臺灣省立師範大學教育研究所，乃離開臺北女子師範學校，重拾課業，成爲該所首屆碩士班研究生。在研究所求學期間，深得所長田培林先生的賞識，並在黃建中教授指導下，完成《朱子教育思想》之碩士論文。1957 年，研究所畢業後，田所長有意向教育廳推薦賈師擔任中學校長，但因賈師志在學術及出國留學，

乃應聘臺灣省立師範大學教育學系擔任講師。

1958 年，賈師向友人借錢出國留學，前往美國奧瑞崗大學（University of Oregon）就讀碩士，主修教育心理學，兩年後，取得碩士學位，旋即赴加州大學洛衫磯分校（University of California, Los Angeles）攻讀博士，主修諮商輔導。1963 年完成博士學分的修習，應聘任耶魯大學（Yale University）亞洲中文學院的講師，教授中文。1964 年 6 月通過博士論文口試，取得博士學位。

取得博士學位後，賈師對於去留美國之間，曾有一番掙扎。一來任教美國大學待遇佳，環境好，二來賈師認為學教育理應回國貢獻所學。最後，賈師選擇回臺灣為國服務。1964 年賈師搭船返臺，經四十天的航行，於 10 月 3 日抵達基隆港。航程中，賈師善用時間熟讀心理學史文獻。

（四）學成回國，創建教育研究所博士班

1964 年，賈師應聘省立臺灣師範大學教育研究所副教授，任教心理學史、教育研究法、輔導、測驗、高級統計等。1967 年升等為教授，並出版《兒童發展與輔導》。賈師「溫而厲，威而不猛，恭而安」，教學態度嚴肅、敬謹、真誠，學生發自內心的「敬重道業」。賈師至 1988 年辭去國立臺灣師範大學教授職止，共任教臺師大三十餘年，培養了無數的教育界菁英，誠為望重士林的泰斗級人物。

1968 年，賈師受教育部委託，主持編製「普通能力測驗」，用以實施九年國教後，國中生編班之依據。同年獲國科會獎助講座研究案，在臺北市古亭國小及中山國小進行「創造力發展」實驗研究，出

版《心理與創造的發展》一書。

除了研究與教學，賈師也積極關心國內教育人員缺乏在職進修的問題，乃在 1968 年建議田所長創辦在職教師研究所進修學分班，並主動負責整個課程的設計工作。由於研究所碩士學分班辦學成功，深獲好評，國內各師資培育大學紛紛引進，造福國內中小學校長及教師無數，可謂是國內教師在職進修教育之開山之作。

1969 年田培林教授退休後，賈師接任國立臺灣師範大學教育研究所所長，全心全力投入所務，除了有計畫的延攬各方人才到所任教以及設立研究所圖書館之外，1970 年申請設立博士班，1972 年博士班開始招生，從此國內的高級教育研究人才有了培育的搖籃，培養了國內無數的知名教育學者，如李建興、楊國賜、黃光雄、陳伯璋、吳清基、歐用生、周愚文等皆是。

（五）擔任考試委員，開始公職生涯

1972 年，總統提名賈師為考試院考試委員，9 月 1 日正式上任，此後連任兩次，共擔任三任十八年的考試委員。考試委員任期內，賈師仍續任國立臺灣師範大學教授，無薪義務上課。筆者便是於 1983 年上過賈師「心理學史」這一門課，獲益匪淺。

考試委員任內，賈師參與院務之工作，係秉持「建立制度」、「講求證據」、「本諸寬厚」等三個原則。就建立制度而言，賈師強調應當依照考試成績列冊備用，並依序分發遞補，避免人情關說。就講求證據而言，主張任何政策或行政決定都應該於了解實際情況後，再作定奪。就本諸寬厚而言，賈師認為人事人員的主要職責係在協助

單位主管為機構中的人員謀福利，而不是濫用職權來處處刁難人。

（六）編纂教育大辭書，字字考究

賈師自學成歸國後，著述經年不斷，唯一例外的是 1992 年至 1996 年間，擔任國立編譯館《教育大辭書》總編纂。該辭書動員國內七百餘位學者專家，收錄一萬四千餘個條目，解釋文字高達一千一百餘萬字。2000 年，《教育大辭書》正式出版，中華民國立國以來最為周詳的教育工具書於焉誕生。

賈師擔任總編纂工作，與先生做學問態度一樣認真，字字過目考究，備極艱辛。由於黃昆輝老師和筆者負責撰寫「教育行政理論」部分，猶記得撰著交稿後的某日，筆者在研究室突然接到賈師的電話，詢問以「為何要採用『衝突引進』這個名詞？」經筆者解釋後，賈師理解接受，由此可見賈師對於總編纂工作的認真與負責。

（七）著書立說，建構教育學體系

賈師自 1990 年考試院退休後，直至 2008 年辭世為止，全心全力著書立說，致力建構教育學體系，即使在癌症病苦中，乃筆耕不輟，未嘗有所中斷，其老而彌堅、勇猛奮進、無怨無悔、終身奉獻教育的精神，實在令人萬分敬佩。

楊深坑（2009）指出賈師在美國加州大學中文圖書館閱讀《中庸》一書，找到「天命之謂性，率性之謂道，修道之謂教……」之教育形上根源。在《人格教育學》（1999）一書中提出了一個以時間為經、以空間為緯、以形上的根源貫穿二者的教育學體系構

想。而先生所陸續撰寫的《教育的本質》（1997）、《教育認識論》（2003）、《教育倫理學》（2004）、《融通的教育方法》（2007），以及辭世前接近完稿的《教育美學》（2009），則構成了其心目中體系完備的教育學。

楊深坑（2009）進一步指出，《教育的本質》一書所探討的教育形上本原，係本於誠與仁的天道精神，完成天人合一的人道教育理念，也就是「教人成人」（從「自然人」成為「人格人」）的核心原則；《教育認識論》一書主張要認識教育應具備的天文曆數、文史哲、心理學與自然科學相關的基礎知識，進而探討教育目的、學生、教師、教材、教法、教育環境和教育組織與人員；《教育倫理學》一書係從教育與教學探討確實的方法，以振衰起弊，重建道德倫理，造就具有品德的人格，以提升文化水準；《融通的教育方法》一書主張教育方法應從「愛」出發，本諸「仁」、「誠」、「責任感」，因勢利導，激發學習者「悉心學習」的責任意識；《教育美學》則從教育過程所涉及的語言、文字、經學、文學、歷史、道德、科技發明與創造各層面探討其適切的美感安排，使學習者在語言文字表達、行為舉止、情感表達、品德修為、創造與發明上，均能展現適度均衡的美感特質。

三、教育學說

賈馥茗先生的教育思想博大精深，非本短文所能涵蓋，僅就賈師的最核心論述，也就是教育的本質，簡要地加以說明。

賈師主張，要先探討人的本質，才能推究教育的本質；了解人的本質後，發現人有發展的潛能，進而才談到如何因應人性而教育之，於是歸結出教育的本質在「教人成人」，也就是教導學習者最起碼要具備「誠」與「仁」的「人格人」（周愚文，2009；賈馥茗，1998）。

　　賈師指出，人道是通於天道，人道本於天道，而天道精神就是在「誠」，即是「至精唯一」，以及「仁」，即是「博愛無私」，是故作爲一個理想的人格人至少應具備誠與仁，誠者不自欺、不欺人、能自強不息，仁者自愛、愛人、愛物（周愚文，2009；賈馥茗，1998）。換言話說，賈師（賈馥茗，1998，頁 171-172）認爲：

　　天道「至誠」，人則要「致誠」。
　　天道仁濟萬物，人則要「修仁」。
　　用「致誠修仁」實現「人道」。
　　參天地之化育以求「止於至善」。

　　賈師認爲，教育要從「學習」出發，實施人道教育，而人道教育的要旨涵蓋五個方面（賈馥茗，1998）：

1. 具體原則有四：堅持「學習」的「主動意向」（沒有主動意向，學習便不能成立）、培養「建立和諧關係」（含人際關係、人與自然的關係）的能力、爲學習者創造人的價值生命（使學習者養成正當的行爲習慣，建立價值生命）、本末有序（教育活動有本有末，本固則人道立；應變則人道日新）。

2. 以發展人性為本，要順人情、重實踐、立楷模。

3. 以培養生活能力為基礎，進而發展人性，契合天地之道，完成頂天立地之人格。

4. 因材施教，要能使各種能力發展並重，以及隨時縱橫相通。

5. 把握教育的適應性與不變性，抓住教育以「人」為主體，目的在發展人性、培養人格以及改善人生之不變性。但教育既是因人而生的，自然要因人而變，這是從教育的原始便具有必變的性質。

四、對教師專業的啟示

綜觀賈馥茗先生的事蹟與思想，有許多值得現代教師學習的地方。首先，教師要有「生於憂患，死於安樂」的意識。就如賈師在顛沛流離的流亡學生生涯中，仍不改其戮力從事教育的職志，現代的教師們應當體會過於安定的教學環境會使人甘於平庸；教學現場的種種挑戰與挫折，正是培養教師堅毅的人格以及學習與成長的機會。

從賈師的不斷進修與精進，乃成為學貫中西的大學者而言，可見教師在職進修與精進的重要性。現代教師的在職進修管道與機會愈來愈豐富與多元，教師不愁沒有進修的機會，只要有不斷精進的成長意識，一定可以找到適合自己的在職進修管道。

然教師的專業成長，不能僅依賴政府所提供的進修管道，還要有自主學習的意識。就像賈師在對日抗戰期間，輟學在家八年，猶能自學完成初二至高中的學習內容，現代教師亦應建立與發展自身的主體性與自主性，具備自我專業的意識，在自修以及自我教學實踐中，建

構個人的教學實務智慧，而不能僅依賴中央或地方政府應有的相關作為。

　　教師有了教育專業知能，更需要有「教育愛」的實踐，這樣才能成為一位人人敬重的「好老師」。教師以「化育之愛」來教導學生，使學生在愛的滋潤中，助長自愛、愛人與愛物的情操。教育愛指引教師們要把「每個學生都帶上來」，特別是那些處於社經文化弱勢的學生，更需要教師的關愛。能給這些孩子更多、更豐富的教育機會，正是「教育機會均等」的體現。

　　賈師的教育理念是以人為本、以學習者為中心的。教師們若能體會教育的主體在學生，學生才是教師心目中的「太陽」，自會考量教育目的與學生的學習需求與特質，提供學生最適切的教育內容與方式。而學生的學習成就，常是教師之所以選擇教職的最主要理由。

　　賈師認為教育的核心原則在「教人成人」，也就是從「自然人」轉型成為「人格人」，而這種「人格人」是兼具「誠」與「仁」的人格特質。換言之，如何引導學生能夠不自欺、不欺人、自強不息，並且能自愛、愛人、愛物，才是教育的終極目的。然要學生孕育「誠」與「仁」的人性，有賴老師由「愛」出發，本諸「仁」、「誠」、「責任感」，來對待每一位學生，並且因勢利導，激發學生「自主學習」的責任意識。有了自主學習的意識，學習才容易成功。

　　在教育內容上，賈師主張要發展人性，要以培養生活能力為基礎，然後發展各種能力，且各種能力均衡並重。所以在教學上，教師不能僅注重智育，而忽視德、智、體、群、美五育的均衡發展。這種五育均衡發展的教育，才是全人教育，才是符合「多元智慧」的理論

以及學生在眞、善、美上均衡發展的眞諦。

在教育方法上，賈師主張因材施教。由於學生的學習需求、學習特質與學習風格並不相同，所以教師不能僅運用一種教學方法，而要因應學生學習的差異性，採取多元融通的教育方法，帶給學生各種不同的學習途徑與管道，讓每位學生都能恰如其分地學習。是故，在教學上並沒有所謂「最佳的教學方式」，而是只有在某種學習情境下，適不適合的教學方式。

賈師亦主張教育若係以發展人性為本，則要把握「順人情」、「重實踐」、「立楷模」等三個原則。就「順人情」而言，教育者要了解學生生性喜歡愉悅，而不喜歡沉悶的「常情」，而施以活潑生動的教學；就「重實踐」而言，要強調學生在生活中的力行實踐，而學生在實踐的過程中，教師要施以觀察、鼓勵、協助和導正；就「立楷模」而言，典範或者楷模的學習，可以激發學生的學習動機與潛能，而教師的一言一行，便是學生學習最直接、最立即有效的楷模。

最後，賈師一生做事認眞、負責、嚴謹，特別是在退休後仍勇猛奮進、無怨無悔、終身奉獻教育的精神，實在值得學習。是故，教師們在任職時能盡其所能地教學、研究與服務，退休後亦能繼續奉獻所學，是令人敬佩的。例如：教師在退休後，可以繼續進修，亦可以到學校代課或當志工，若能把寶貴的教學經驗傳承給現職教師，那可是功德一件。

五、對教學輔導教師的啟示

　　賈馥茗先生的事蹟與學說，對教學輔導教師實有諸多啟發性：

　　第一，賈馥茗先生在逆境中奮發向上的精神是非常值得學習的。同理，教學輔導教師在輔導過程中難免會遭遇挫折或困頓，而挫折與困頓正是培養教學輔導教師韌性與毅力的最佳時機。當教學輔導教師能夠克服一個困境，其教學輔導素養便可向上發展一個層次。

　　第二，賈師不斷進修與精進的精神亦是值得學習的。作為教學輔導教師要有不斷精進的成長意識，例如：可以閱讀教學輔導方面的專著、參與在職進修研習等。除此之外，在「做中學、行中思」，便是一個很好的學習管道，這也是晚近諸多學者所倡導的「實踐本位教師學習」。

　　第三，教育本是「成人成己」之道。教學輔導教師在成就自己之後，有必要經由「薪火相傳」的管道，成就夥伴教師，進而成就莘莘學子。「薪火相傳」本來就是資深優良教師的天職。唯有經由薪火相傳，教師的個人與集體智慧得以代代傳遞、發揚與創造，並使合作分享的教學文化生生不息。

　　第四，在「誠」與「仁」上，作為「老師的老師」的教學輔導教師，要能「一秉至誠」、「愛而合理」、「行義無虧」地對待夥伴教師。也就是說，要誠實誠懇地對待夥伴教師，不自欺、不欺人，並且能示範自強不息的精神；要有「教育愛」，並以合理的愛對待夥伴教師；要公正無私，言行一致。

　　第五，教學輔導教師在與夥伴教師互動時，切記要以夥伴教師為

中心。夥伴教師在教學輔導歷程中居於「主」的地位，而教學輔導教師只是居於「客」的地位，不宜易「客」為「主」，硬把自己的思想和觀念，強諸夥伴教師身上。反之，宜充分考量夥伴教師的學習風格與需求，尊重夥伴教師的自主性，引導夥伴教師自主學習與成長。

第六，在多元融通的輔導方法上，教學輔導的方式很多元，可以是一對一的個別輔導，也可以是團體輔導或者專業學習社群的方式；可以是正式的，也可以是非正式的；可以是直接的、面對面的互動，也可以是運用大量的 e-mail、Line、facebook 等網際網路互動，實施所謂的「e 化輔導」（e-mentoring）；可以是計畫型的互動、例行性的互動，也可以是隨機型的互動。只要是符合夥伴教師學習需求的，便是理想的輔導方式。教學輔導教師在運用時，宜把握輔導情境的改變，而隨時加以應變，所謂「運用之妙，存乎一心」，便是這個道理。

六、結語

賈馥茗先生誠為我國教育學體系建構的大師。先生一生歷經憂患，而不改其志。在教學上，桃李滿天下；在研究上，融通中西，發展出涵蓋形上學、知識論、倫理學及美學的整全教育學體系；在服務上，其對臺師大教育研究所以及考試院院務的發展，貢獻卓著。「高山仰止，景行行止，雖不能至，心嚮往之。」謹對賈老師的事蹟與思想，表達萬分的崇敬。

參考文獻

王萍（1992）。**賈馥茗先生訪問紀錄**。臺北市：中央研究院近代史研究所。

林逢祺（2009）。深受學生愛戴的好老師。載於國立教育資料館（主編），**教育愛：臺灣教育人物誌 IV**（頁 169-192）。臺北市：國立教育資料館。

周愚文（2009）。論《教育的本質》。載於黃昆輝、楊深坑（主編），**賈馥茗教育學體系研究**（頁 73-87）。臺北市：五南。

楊深坑（2009）。賈馥茗教授在教育學術上的貢獻。載於黃昆輝、楊深坑（主編），**賈馥茗教育學體系研究**（頁 1-15）。臺北市：五南。

賈馥茗（1998）。**教育的本質**。臺北市：五南。

賈馥茗（2003）。**教育認識論**。臺北市：五南。

賈馥茗（2004）。**教育倫理學**。臺北市：五南。

賈馥茗（2007）。**融通的教育方法**。臺北市：五南。

賈馥茗、楊深坑（2009）。**教育美學**。臺北市：五南。

8

林清江　教改工程大師

一、前言

　　林清江先生（1940-1999）一生爲我國的教育無私地奉獻與付出，被譽爲「教育社會學的泰斗」、「教改工程大師」、「終身教育之父」、「學習社會的推手」（國立臺灣師範大學圖書館，2020），對我國的教育改革與發展實有難以磨滅的貢獻。今適逢先生逝世已二十餘年，特爲文紀念他，並盼其言行事蹟，爲教育界所學習與效法。是故，先略述其生平事蹟，再說明其在教師專業的學說，最後再評述其生平事蹟與學說對教師專業與教學輔導教師的啟示。

二、生平簡述

　　依據張國保（2000）、胡夢鯨（2000）、林清江先生治喪委員會（2000）、國立臺灣師範大學圖書館（2020）、教育部（2020）、葉季幸（2012）之論述，林清江先生的生平可以簡述如下：

（一）貧困、天資聰穎的童年

　　林清江先生自幼生長於雲林縣臺西鄉的濱海小鎮，排行老么，有兄姊八人。三歲時，其父林安生早逝，全靠其母林丁妹一人負擔家計。林清江八歲時，其母帶其至附近國小從一年級下學期寄讀。天資聰穎的他，在困苦的生活環境下，一邊上學，一邊幫忙家務，一路苦讀完成高中學業。在這段艱苦的求學生涯中，林清江養成了計劃學習的習慣與感恩的心懷，更重要的是孕育了他日後貫徹「教育機會均

等」的理念與決心。

（二）一路順暢的求學生涯

由於天資聰穎加上刻苦勵學，在 1958 年，林清江以極優異的成績畢業於虎尾高中，參加大專聯考，並以極優異的考試成績，可以考上任何名校與名系，但是為了減輕家裡負擔，他選擇了貧窮學生的最愛——公費的臺灣省立師範大學社會教育學系，從此開啟了其以教育為職志的生涯。林清江大學畢業後因成績表現優秀，獲留校擔任社教系助教，並在 1965 年，以第一名的成績考取了教育部公費留學，甫三年即順利獲得英國利物浦大學哲學博士學位。

（三）傳道授業，誨人不倦

1968 年，林清江歸國後，旋即回母校國立臺灣師範大學任教。曾擔任副教授、教授及教育研究所所長兼訓導長等職務，開啟了他一生既繁忙又充實的學術與行政生涯。在教學上，先生學識豐富，思考周密，教材新穎，加上口才流利，幽默風趣，深為學生們所尊敬與肯定。筆者有幸在臺師大教育研究所碩士班求學期間，在教育社會學上受其啟蒙，獲益良多，同班同學們亦無不對先生讚譽有加。

（四）豐富的教育行政歷練與貢獻

由於傑出的教學與研究表現，很快地，在 1972 年，林清江時年32 歲便被拔擢為教育部高教司司長，主管全國高等教育事業。1975年又升任教育部常務次長，掌管國際文教等事務。1976 年轉任中國

國民黨中央海外工作會主任。這些職務的歷練，不僅加深了其對國內外教育與文化交流的認識，也醞釀了其日後對「比較教育」的興趣與奠基，開創了我國比較教育的發展。

1981 至 1983 年，先生擔任國立高雄師範學院院長。本著「一切為學生，一切為同仁，一切為教育」的理念，積極爭取預算重劃校區、興建教室，順利獲贈第二校區土地。同時提出課程改革方案，致力於師範教育教學成效的提升。在他的領導下，任期雖不長，但創造出高師大歷史嶄新的一頁。

1983 至 1987 年，先生配合國家教育發展需要，轉任臺灣省教育廳廳長。任內以落實教育機育均等為施政主軸，提出教育行政工作四項基本原則：「時時想到學生、處處照顧教師、秉持文化理想、信守國家政策」。推行各種教育措施，包括鄉鎮有圖書館、強化社教機構專業功能、落實學生輔導等，逐步達成教育機會均等的理想。另為躍升師範教育，將全省九所師專於 1987 年全部改制為師範學院，提升國校師資至大學本科之水準。

1987 年，李煥任教育部長，特聘林清江回鍋擔任十年前即已當過的常務次長一職，先生不以為忤，欣然接受，本著「只要國家有需要便去上任」的讀書人風骨，繼續為教育大業奉獻自己的心力。這種只問做事不問名利，但求問心無愧的高風亮節，令人感佩！也是公務員的最好榜樣。

（五）創建國立中正大學

1989 至 1996 年，林清江任國立中正大學創校校長。連同籌備期

的近九年時間，是先生任期最長的職務，也是先生在我國高教事業具代表性的貢獻。先生是一位具備人性化、理想化與效率化的好校長。他以「獨特、卓越與前瞻」的基本理念，創建中正大學成為一個具有下列特色的綜合性大學：(1) 發展出前瞻性的建校計畫；(2) 從事整體規劃；(3) 全面均衡發展；(4) 規劃大學城；(5) 建立科際整合學術研究制度；(6) 建立綜合教學制度；(7) 建立全面導師制度；(8) 先設研究所，再設大學部；(9) 建立大學環境保護制度。

林清江一生耿介清廉，用人唯才。在整個中正大學的建校過程中，工程費用高達數十億，自始至終都沒有和廠商有任何糾紛，也沒有後續的工程問題，可見其操守廉潔。另先生至中正大學並未帶任何自己的班底，中正大學所聘用的教職員工，從工友至教授，均依相關規定，經過作業程序辦理，合乎法理情。筆者於 1989 年公費留美回國後，曾致函先生任教中正大學的可能性，先生回信可以面談，唯筆者收信時，由於碩士論文指導教授的引薦，已答應前往國立新竹師範學院服務，致無緣至中正大學任教，係筆者的憾事，也是深覺愧對恩師的地方。

（六）規劃與執行教育改革的工程

1994 年 9 月至 1996 年 12 月期間，林清江以中正大學校長，兼任行政院教育改革審議委員會委員，不但積極參與各項會議，亦且擔任《教育改革總諮議報告書》的主筆之一，提出教育鬆綁、帶好每個學生、暢通升學管道、提升教育品質、建立終身學習社會，作為教育改革的基本方針。

1998 年 2 月至 1999 年 6 月間，先生任教育部部長。為落實《教育改革總諮議報告書》之建議，教育部於 1998 年擬定「教育改革行動方案」，經行政院「教育改革推動小組」審議通過，以五年時程，自 1998 年 7 月至 2003 年，編列經費新臺幣 1,570 餘億元，實施十二項工作計畫，包含：健全國民教育、普及幼稚教育、健全師資培育與教師進修制度、促進技職教育多元化與精緻化、追求高等教育卓越發展、推動終身教育及資訊網路教育、推展家庭教育、加強身心障礙學生教育、強化原住民學生教育、暢通升學管道、建立學生輔導新體制、充實教育經費與加強教育研究等。其規模之宏闊、執行步驟之慎密，使臺灣的教育改革脫離以往邊做邊改，以及局部性改革的作法，而進入全面性改革的階段。

（七）為教育改革鞠躬盡瘁

擔任教育部長一職，林清江抱著「為教育改革鞠躬盡瘁」的決心，全力衝刺，推動教育改革的龐大工程。日以繼夜，從不懂得休息，以致積勞成疾。1998 年 8 月，先生至榮總檢查，發現左腦長有腦瘤，但先生並沒有停下教改的腳步，在珈瑪刀治療後，不顧病魔纏身，仍在一個月期間跑遍全省各縣市，並主持二十二場教育座談會，即使臥病在床，也不時以電話垂詢各單位業務推動情形，並在病房批示公文。

先生不幸於 1999 年 12 月 29 日與世長辭，享年六十歲。一世聰明絕頂、精明幹練，滿懷教育改革理想與願景的大師走了，留下一張張教育改革藍圖；留下用心耕耘過的教育碩果；留下春風化雨的圖

像；留下具豐碩又具有開創性的鉅著；留下廉潔磊落、不求官位的高風亮節；留下為國家社會鞠躬盡瘁的榜樣。一代教育巨星殞落，誠為我國教育界的一大損失。

三、教育學說

林清江先生在我國教育社會學上具有開拓性的成就，其在教師專業上的論述，和其在教育社會學上的學說論述一樣，具有完整性及前瞻性。本文限於篇幅，僅簡要論述其在教師專業的學說。

林清江（1983）在〈教師專業精神的來源〉一文中，指出教師專業精神至少包括下列三點：長期的奉獻，加上能力的充分發揮，還要有歷史性的參與。長期的奉獻是根據豐富知識，建立於價值認同上的成熟行為表現；而長期奉獻一定要加上能力的充分發揮，沒有能力的充分發揮，尚不能稱為具有專業精神的教師；具有專業精神的老師，一定會注意歷史性的文化使命，集體寫下輝煌的教育史頁。

林清江（1983）亦認為教師專業精神的重要性亦有三點，亦即專業精神增加教師生活的樂趣，所謂「歡喜做，甘願受」便是這個道理。另外，教師專業精神可以增加教師工作效率，達成教育目的與功能。其三，教師專業精神協助教師參與教育史的創建，並對國家社會的建設，有其積極的貢獻。

為了培植教師的專業精神，林清江（1983）分析了四個教師專業精神的來源：師資培育機構、任教學校、社會環境和工作條件、個人修養。在師資培育機構方面，有三種因素影響教師的專業精神：一

是教育知識體系的體認；二是教育專業權力的運用；三是教師專業認同的形成。在任教學校方面，研究指出任教半年的影響有時大於師資培育機構四年學習的影響力。而任教學校的影響，可以歸納為三類：一是教師團體中的專業意識與次級文化；二是校長的領導及參與的可能性；三是學校文化與環境。在社會環境和工作條件方面，教師專業精神受教師職業聲望、實際工作條件與升遷發展機會所影響。在個人修養方面，教師專業精神亦有三個重要因素：一是教師自我省察，二是教師自我觀念，三是教師職業滿足。

四、對教師專業的啟示

綜觀林清江先生的事蹟與理念，有許多值得臺灣教育界，特別是老師們學習的地方。首先，對於師資培育機構而言，如何建構完整的教育知識體系，並將之傳授給師資生，並鼓勵師資生在實務情境中，加以有效應用，係師資培育機構的任務。其次，師資培育機構宜教導師資生理解與善用教育專業權力，例如專家權與人格感召權，並協助師資生形塑對教師專業的強烈榮譽感、責任感與使命感，這也是師資培育機構的職責。

對於學校而言，對於教師專業亦負有責任。教師專業的養成，師資培育機構固然負有責任，但是「學為良師」的關鍵期實係在教師任教之伊始，是故此時如何選派一位資深優良教師作為初任教師的「師傅教師」是傳承優良教師文化、協助初任教師解決教學問題、提升初任教師教學能力的關鍵。當然，教師專業的發展與校長的參與式領

導、學習領導、建構式領導、教師彰權益能等息息相關。同樣地，校長透過卓越的領導，提升學校的環境與文化，亦在在影響教師的專業精神。

　　對於教育行政機關而言，教師專業的改善應是施政的重點。在師道日益淡薄的今天，實有必要以實際的政策提升教師專業。首先，宜大力倡導尊師重道的傳統美德與觀念。其次，有效提升教師的薪資待遇，激勵教師工作士氣，例如給予教學表現優異的教師特殊待遇或獎金；給予有意願兼任行政職務的教師較高的職務津貼，以免現行「學校行政大逃亡」的亂象；給予擔任教師領導工作的教師減免授課時數。最後，有鑑於中小學教師無生涯發展的現象，實有必要早日規劃與實施教師自願申請式的教師生涯進階制度，例如教師任教滿五年可申請擔任教學輔導教師，任教滿十年可申請擔任研究教師。讓教師們除了具有教學上的成就感之外，亦有在教學上升遷發展的管道。

　　對於教師個人而言，林清江先生「一切為學生，一切為同仁，一切為教育」的理念實在非常值得學習。「孩子第一」（kid is first）相信係為人師表的初衷。然「初心易得，始終不易」，教師能常保這顆赤子之心，時時不忘初衷，是彌足珍惜的。其次，教師除了獨善其身之外，亦要有為同仁服務的初心，與同仁夥伴協作，建構一個共好的教學環境。

　　其次，林清江的名言：「人生三寶：終身運動、終身學習、終身反省。」亦是非常值得學習的。終身運動可保持身體健康，而能為教育界做更多、更久的服務。終身學習在當今的學習型的社會有其時代意義，因此教師必須要時時進修，作為一位終身的學習者。終身反省

更有其重要性，它是一位教師之所以能成為「德藝雙馨」的教育家之關鍵。是故，教師實有必要處處檢討為什麼教學效能無法達到預期的目標，是自己的因素，是學生的因素，是家庭的因素，還是學校的因素？但無論因素為何，都要盡自己最大的努力去做計畫性的改進，這才是專業精神的發揮，而不是一味地將問題推給他人或外在環境。

最後，林清江先生「為教育改革鞠躬盡瘁」的精神，是令人尊敬與學習的。教師並不是教育改革的旁觀者，而是教育改革的參與者。唯有廣大的教師們認同與認真執行教育改革，教育改革才能有成功的機會。是故，老師並不只是在教學生而已，而是在從事教育歷史的參與工作。一部教育史，實是一部教師為教育犧牲奉獻、努力奮鬥的歷史。

五、對教學輔導教師的啟示

林清江先生的事蹟與理念，對教學輔導教師實有所啟發。首先，對於處於教師生涯發展關鍵期的初任教師，教學輔導教師可以發揮貴人啟導的功能。在這一段關鍵期，如能把初任教師帶好，其功德無量，不但初任教師可以適應教職，其所提升的教學能力將影響成千上萬的莘莘學子，其重要性實在不容小覷。

其次，作為學校的骨幹教師，教學輔導教師更沒理由獨善其身，更應兼善天下。教學輔導要發揮服務領導和教師領導的功能，以服務同仁為己任，以領導同仁參與學校革新與發展為要務。當同仁成長了，當學校進步了，學生出類拔萃了，教學輔導教師才可以說：我已

「盡心盡力」。

　　教學輔導教師終身學習、終身反思的精神，是相當令人敬佩的。為了帶好每一位夥伴教師，所以教學輔導教師要在教學以及教學輔導上與時俱進；為了改進輔導成效，所以教學輔導教師要經常反思為什麼教學輔導無法達到預期的目標，是自己的因素？是夥伴教師的因素？還是學校的因素？但無論何種因素，都要盡自己最大的努力去做有計畫性、有系統的改善，這樣才能確保輔導成效，並負起績效責任。

　　最後，教學輔導教師要參與教育改革，作為改革教學現場的關鍵力量。教學輔導教師要能「彰權益能」，發揮「由下而上」（bottom up）或「草根式」改革的作用。有鑑於「由上而下」（top down）的教育改革往往以失敗收場，這種由下而上的教育改革是非常值得倡導的，它不但有利於學校革新與發展，更能釋放出參與改革的無限潛能。

六、結語

　　林清江先生誠為我國教育界的大師級人物。在教學上，桃李滿天下；在研究上，係我國教育社會學與比較教育的泰斗；在服務上，對於我國中小學、高等教育、師範教育、社會教育等皆有前瞻而卓著的貢獻，是教改工程大師。「哲人日已遠，典型在夙昔。」林清江先生的言行事蹟與學說，永遠令人景仰與懷念。

參考文獻

林清江（1983）。教師專業精神的來源。**師友，189**，4-8。

胡夢鯨（2000）。憶千萬起跑點的開創者。**成人教育，54**，14-22。

林清江先生治喪委員會（2000）。林清江先生生平事略。**國史館館刊，28**，224-226。

國立臺灣師範大學圖書館（2020）。**學習社會的推手──林清江博士紀念會暨文物特展**。取自 http://archives.lib.ntnu.edu.tw/exhibitions/LinChingJiang/intro.jsp。

教育部（2020）。**重大教育政策發展歷程──教育改革**。取自 http://history.moe.gov.tw/policy.asp?id=7。

張國保（2000）。悼念教改大師林清江博士。**成人教育，54**，2-9。

葉季幸（2012）。**林清江高等教育思想之研究**（未出版之碩士論文）。國立臺東師範學院，臺東市。

9

毛連塭 教育大道的開拓者

一、前言

　　毛連塭先生（1938-2005）是一位勤勉、樸實、充滿教育愛與包容心的教育家，他在特殊教育與創造思考教學的成就固為國人所熟知，但是其實他在國民教育、師資培育、教育資料與研究等領域，亦皆有卓著的貢獻，是一位教育大道開拓者。另外，他在師道上的理念與風範，亦是值得教師們所學習的。茲先略述其生平事蹟，再說明其在師道上的理念與風範，最後再評述其生平事蹟與風範對教師專業的啟示。

二、生平簡述

　　依據曾美蕙與張新仁（1982）、毛連塭（2004）、吳明清（2005）、韓繼綏（2005）、陳龍安（2005）、張德銳（2005）、吳清山（2007）、簡茂發（2005）、簡茂發等人（2005）的論述，毛連塭先生的生平可簡述如下：

（一）貧困、力爭上游的童年

　　毛連塭先生於 1938 年生於臺南市安南十二佃的一個典型農家。幼時生活貧苦，從小就必須下田耕作、放牛餵草，但先生不以為苦，反而在勞動中培養了勤勉、樸實的人格特質，且能在物質匱乏的年代中，以大自然為恩賜，就地取材，自創了諸多玩具與遊戲，培養了創造思考的習慣與能力。

雖然家境清苦，但先生看著鄰居友伴求學之樂，乃主動向父親要求入小學讀書，而父親乃在節衣縮食之下，讓他能每天步行一、二小時到最鄰近的海東國小上學。由於求學機會得之不易，先生自是勤奮向上，在放牛時、油燈下，都不忘讀書，畢業時獲選全校模範生。小學畢業後，同時考上臺南市中和臺南商職，為求早日能協助家計，先生選擇臺南商職就讀。1951 年初，商職畢業後，即考入臺南師範學校（今國立臺南大學），開始了學為良師的旅程。一個商職畢業生能擊敗一般市中學生，證明了先生的聰穎與非凡毅力。

（二）篳路藍縷的初任教職生涯

在臺南師範學校的三年學習生涯，毛連塭先生表現優異，在朱匯森校長以及姜慕咸老師等師長教誨下，在求學做事及人格上都有很好的成長，並獲班級模範青年的榮譽。1957 年南師畢業後，分發回家鄉的南興國小安佃分校任教。唯當時人力及物力惟艱，先生初任教職即兼任教導主任，並在簡陋的教學環境下，帶著學生一起畫跑道、運動場，種扶桑花以為校牆。復由於該校缺乏音樂教師，故先生亦親授音樂課，並在升旗時，做進行曲、國歌、國旗歌的奏樂工作，可見先生的多才多藝及刻苦耐勞精神。

（三）學無止境的求學生涯

「教然後知不足」，在任教兩年後，毛連塭先生決定再繼續深造，以便將來能學以致用，為教育界做出更大的貢獻。1959 年考上省立臺灣師範大學，大一唸國文系，大二轉教育系心理組，四年來成

績表現優異，特別是以往在師範學校所沒有修習的英文，先生更是下了苦功夫，時時唸、天天唸，加上每週一次的英語查經班以及與同學自組的英語小組，英文乃有了長足的進步，為日後做學問以及赴國外留學打下良好的基礎。

1969 年，先生在所任教的臺南師專，考取臺灣省政府公費留學出國進修，一年後順利取得美國北科羅拉多大學（University of Northern Colorado）特教碩士。俟後經三年的教育公職服務，復於 1974 年，在高雄市政府教育局局長任內再度考取臺灣省政府公費留學，經過三年的苦讀，在美國畢德堡師範學院（George Peabody College for Teachers）獲得博士學位，成為我國第一位留美的特殊教育博士，為我國特殊教育的拓荒史，奏下悠遠流長的開篇。

（四）盲生之友，特教推手

毛連塭先生在教育大道上的開拓，以特殊教育最為顯著，可說是我國特殊教育的先驅。1963 年，先生在臺師大畢業後，即因卓越的學業表現與服務（擔任師大南師校友會會長），獲聘母校臺南師專教職。1965 年，服預備軍官役兩年後復回南師任教。受羅人傑校長指派，承辦盲生師資訓練班班務，並協助美籍顧問卜修博士（Dr. S. E. Bourgearlt）課務。先生所發展的盲生訓練教材以及所協助推動的「臺灣省盲生走讀計畫」，被美國海外盲人基金會（American Foundation for Overseas Blind）譽為亞洲實施盲人混合教育最成功的地區。先生造福盲人無數，可謂是「盲生之友」。

先生在取得特殊教育的碩、博士學位後，更以開拓我國特殊教育

事業爲職志。先是發表著述，倡導混合教育、巡迴輔導、回歸主流等特教概念，次在高雄市政府教育局局長任內，在高雄市福東國小成立「語言障礙兒童實驗計畫」，爲我國實施語言障礙教育之濫觴。復於1976年轉任省立高雄師範學院教授時，設立全國第二所特教中心。於1978年受朱匯森部長提拔調任教育部國教司司長後，更全面參與《特殊教育法》及相關子法的制定，使得特殊兒童之入學、課程、安置及輔導等，受到法令的保障。1981年在臺北市政府教育局局長任內，積極推動「特殊教育六年計畫」，造福無數的特教學生。此外，先生於1968年所發起的中華民國特殊教育學會，於1995年所召開的全國特殊教育會議，加上數十年來在教育行政工作百忙下，仍能在特殊教育領域從不間斷的教學與著作，對於我國特殊教育理論與實務的開拓具有長遠而卓越的貢獻，誠爲我國特殊教育的推手。

（五）開創性國民教育的建構

　　毛連塭先生在服預官期間，在忙碌、勞累的軍旅生涯中，猶然能充分利用早晨起床前和晚上睡覺後看書準備高考，終能通過教育行政高等考試，取得文官任用資格。在美國取得碩士學位後，1970年，受省教育廳潘振球廳長的提攜任臺東縣政府教育局局長，任內跑遍所有學校，並有多項創舉，例如辦理公共造產，收入歸學校不必繳庫，以充實學校的辦學經費等。後又轉任高雄市政府教育局局長，任內積極改進九年國教和推動生活教育方案。1978年起，在國教司司長任內，推動多項具前瞻性的創舉，例如：採行現代觀念和創新精神，將《國民學校法》修正爲《國民教育法》，確立了德智體群美五育均衡

發展的國民教育目標，並將輔導制度納入《國民教育法》當中。在修訂的《強迫入學條例》中，容許有特殊需要的學童可以在家自行教育。另外，致力於規劃和發展「改進國民教育六年計畫」以及「實施以職業教育為主的十二年國民教育」。這些舉措在當時皆是非常具有前瞻性的教育政策。

　　1981年，先生轉任臺北市政府教育局局長，除在特殊教育、精熟學習及創造思考教學頗有建樹之外，又施展其行政長才，推動多項具有創新性的文教改革工作，例如規劃及搬遷木柵動物園；成立臺北市立美術館、青少年育樂中心、兒童交通博物館；推動「藝術季」、「音樂季」、「體育季」等活動；提倡學生分擔家事、「一家一書運動」；舉辦師鐸獎；強化教師研習中心的軟硬體設施，並實現「休閒中完成研習，研習中不忘休閒」的目標。

（六）具有特色的師資培育發展

　　毛連塭先生從小就立志當老師，更認為教育的成敗，師資才是最關鍵。曾任教臺南師專以及高雄師範學院，作育英才無數。1986年，先生奉派接掌臺北市立師範專科學校校長，任內將學校改制為臺北市立師範學院。先生以「愛心、關懷、尊重」為教育目標。在硬體方面，接續陳前校長榮華先生的努力，完成興建「勤樸樓」、改善學生宿舍、圖書館與專科教室、美化綠化校園環境。在軟體方面，大力提升師資水準，從當初先生初到市北師時只有三位具博士學位的教師，到了八年之後，已達六十餘位，對於整個學校的教學與研究成效的提升，多所貢獻。此外，改進師院課程，讓部分學科設系，以使師

資生學有專精，但加重綜合課程，培養師資生多方面能力，以利合班教師之培養。更重要的是，先生以愛與包容的胸懷，尊重學生的意見，期許學生具有師範特質的未來教師；尊重教師的自主與發展，讓教師們在教學、研究與服務上有自由揮灑的空間。

（七）創造思考教學與行政的倡導

創造思考教學與行政是毛連塭先生辦教育的另一個特色。有鑑於臺灣的學生，基本能力有餘，但創意不足，將不利於適應複雜多變的現代社會，先生乃在臺北市教育局長以及北市師校長任內大力推動「創造思考教學」，鼓勵教師透過課程的內容與教學計畫，在支持性的學習環境下，激發和助長學生的創意知能。經由教學研討會、校長會議、國民教育輔導團的訪視輔導，成立「創造思考教育中心」、創刊《創造思考教育》、成立「中華創造學會」等，在臺北市大力推動創造思考教學。

先生又將創造思考的觀念用之於教育行政上，例如先生深覺幼兒教育的重要，但無經費辦理，所以創導自立幼兒園；為加強生態保育觀念，乃擴大辦理動物園遷建活動，尤以動物搬家的活動頗具創意；又提倡「街頭畫家」、「假日表演廣場」等，對臺北市文化建設添增新意。

（八）接掌國立教育資料館館務

1994 年，毛連塭先生受郭為藩部長之請，擔任國立教育資料館館長兼任教育研究委員會執行祕書。在八年館長任期內，先生有如下

之政績：(1) 建置全國第一個教育論文全文資料庫；(2) 開辦現代教育論壇；(3) 創刊中華民國教育年報；(4) 編印臺灣教育探源；(5) 設置大陸教育專室；(6) 規劃出版教育家的話；(7) 建置「多媒體隨選視訊系統」。

很可惜的，先生晚年身體欠安，2002 年自教育資料館館長任內榮退，2005 年 2 月 8 日辭世，享年 67 歲。依先生之才幹及服務教育界的貢獻與熱忱，將可望更上一層樓，經次長而成為部長，為我國的教育事業開拓出更寬廣的大道。然天嫉英才，誠然為我國教育界的一大損失。

三、教育學說

毛連塭先生在特殊教育、創造思考教育上有諸多著作，本文限於篇幅，僅將毛連塭的教育學說聚焦在師道上的理念與風範上。

毛連塭之所以在教育上有卓越的成就，主要還是源於「教育愛」理念的實踐。他愛家人、愛朋友、愛鄰居、愛同學、愛同事、愛部屬，特別是愛學生就像愛自己的親人一樣。「不能放棄任何一個學生」是先生的教育理念，也是先生從事教育工作的準則（吳清山，2007）。因為教育愛，先生終身從事對於弱勢族群的教育工作；因為教育愛，他極力照顧和提拔學生，而不求任何回報；因為教育愛，他把所有的心力聚焦在我國萬千學子學習品質的全面提升。

也正是因為「愛」，衍生出先生諸多的美德與風範，諸多謙遜、尊重、關懷與包容等。誠如《聖經》格林多前書（13:4-7）所指明

的，愛是諸德的靈魂：「愛是含忍的，愛是慈祥的，愛不嫉妒，不誇張，不自大，不作無禮的事，不求己益，不動怒，不圖謀惡事，不以不義爲樂，卻與眞理同樂：凡事包容，凡事相信，凡事盼望，凡事忍耐。」

　　在謙遜、尊重、關懷，特別是在包容的人格特質上，先生不僅對人和藹敦厚，對待部屬與學生如同親人。劉春榮（2005）曾在〈生命中的明燈與貴人〉一文中，述及在市北師總務長任內曾因場地外借問題，與演出單位有些爭執而上了新聞版。是時先生不但未加以責怪，反而隨機指導其處世的原則，令劉春榮先生學到不可多得的眞傳寶藏。另外，筆者在任職市北師之初，亦曾受先生之託，召集校內同仁及先生之博士生，共同撰寫一本《教學視導》的專書，然因預約撰稿者工作忙碌，雖經筆者多年努力催稿，仍功敗垂成，先生亦未嘗多加責備，然而如今每憶起此一往事，對先生深感歉疚。

　　此外，「勤」與「樸」二字，亦是先生一生人格風骨的最佳寫照（吳清山，2007）。因爲勤，所以不怠惰、不因循；凡事能做到「自強不息，鍥而不捨」；因爲樸，所以不奢靡、不浮華，凡事能做到「質樸無華，闇然尙絅」（黃守誠，1998-133）。勤不但能補拙，而且日積月累，能夠建大事功；樸不但能尙簡，而且淡泊名利，永遠受人尊敬。

　　先生前瞻與開放的教育理念，是後生晚輩學習的楷模。因爲先生的前瞻觀念，所以先生不但在特殊教育以及創造性思考教學能夠引領時代之先。也正是因爲前瞻的遠光以及劍及履及的實踐，才能造就今日我國的國民教育、教育資料與研究有所革新與發展。

由於先生開放的教育理念，讓市北師師生有充分揮灑的空間。筆者也是先生開明理念的受益者。猶記在 1981 年，筆者在臺北市至善國中教師任內考取臺師大教育研究所碩士班，因受《師範教育法》第 17 條所限，教育局人事單位不同意我們這一批同期考上碩士班的七位臺北市教師在職進修，經一番爭取，在當時毛連塭局長的開明觀念下，裁示讓我們可以在職進修，之後有了我們這一個先例，臺北市中小學教師在職進修碩博士的管道才得以開通。

最後，達觀與堅毅的人生，是先生最讓人尊敬的地方。先生樂觀豁達，在晚年雖因病屢進出加護病房，先生仍不失樂觀面對病魔，嘗自言：「健康雖失、鬥志尚存。」在萬般病痛中，仍能在心中高喊「精進—精進—精進」、「快樂—快樂—快樂」，這是凡夫俗子的我輩所難以做到的。其堅毅執著的人生，更表現在每天清晨天未亮便起床著書，數十年如一日。到其人生的最後時刻想把過去的歲月做回顧，家人建議找個專業作者做口述歷史，但先生卻執意自己完成它，親力親為的一字一句的辛苦寫下，即使在加護病房，換上氣切管，連接著呼吸器，插上餵食管，先生仍是奮力不懈，經過年餘乃完成《教育大道、牽手同行》一書，其堅苦卓絕是常人難望其項背的（毛琪瑛，2005）。

四、對教師專業的啟示

綜觀毛連塭先生的事蹟與理念，有許多值得臺灣教育界，特別是老師們學習的地方。首先，還是教育愛的重要性。有了愛，凡事皆有

可能；沒有愛，教育便失去靈魂。吾人要學習先生「不能放棄任何一個學生」的教育理念，有耐心、有方法地把每一個學生都帶上來。須知學生學習不能成功，教師還是要負主要責任的。學生有成就，便是教師的最大成就。

其次，我們應該尊重學生的個別差異。「天生我才必有用」，相信每個學生都有其長處和學習的潛能。面對資質不同的學生，正是給老師的挑戰。所以如何理解學生的學習風格與學習需求，而給予差異化的回應，正是當今歐美各國教育界所盛行的「差異化教學」（differentiated instruction），其實也是孔子「因材施教」理念的實踐。

第三，要培養學生具創新應變的核心素養。當今的社會已然複雜多變，未來更是變化難測。學生除了要有基本能力外，更重要的是解決問題的創新能力，是故先生所倡導的創造思考教學，其精神和十二年國教所倡導的「素養導向教學」是並行不悖的。

第四，每位老師應該都要有特殊教育的理念。特殊教育不但是衡量一個國家發展程度的指標，而且也是每位老師在日常教學時都要面對的工作。尤其在回歸主流的政策下，老師不僅要能帶好一般學生，更要帶好每一位特殊需求的學生，施予個別化的診斷與處置，滿足其學習需求，這才是真正教育機會均等的實踐。

第五，在班級經營上，要尊重與包容每一位學生。對於學生的意見和反映要傾聽；對於不同的想法要予以尊重，而不是獨斷地認為學生對或錯；對於學生的過失要包容，並給予改正的指導；對於學生的成就，要給予適時的肯定與鼓勵。其次要安排支持性的學習環境，產

生境教的功能，激發和助長學生的創意等核心素養。

　　第六，老師要勤以研究、勤以教學、勤以輔導學生，做一個研究、教學、輔導兼備的好老師。研究、教學、輔導三者缺一不可，不能把教師的工作只限於教學，而限制了教師的職責與功能。只要勤勉，便能真積力久，隨著時間的累積，獲得顯著的成效。

　　第七，淡泊名利，過著簡單的人生。教職是個「精神富貴」的行業，雖不能帶給我們太多的物質享受，但是看到學生學有所成，是無比的歡欣。「富貴非吾願，帝鄉不可期」正是古代詩人陶淵明令人敬重的地方。

　　第八，要有堅毅執著的信念。老師每天會遇到各式各樣的困境和挑戰，有時應對成功，有時難免橫生挫折。挫折並不可怕，怕的是失去鬥志。面對層出不窮的問題，要有信心、毅力、勇氣、奮發向上、永不放棄，這正是毛連塭先生奮鬥人生給我們的一個寶貴遺產。

　　最後，一位好老師要有終身學習的理念。就像毛連塭先生學無止境的求學生涯一樣，在當小學老師後，教然後知困，不斷把握機會進修，乃能獲得學士及碩博士學位。但是求學並不只是為了提升薪資而已，而是為了要學以致用，為下一個更大的貢獻做準備。如此，當我們回首教育來時路時，才不會後悔此生。

五、對教學輔導教師的啟示

　　毛連塭先生的事蹟與教育理念對教學輔導教師深有啟示性。首先還是在教育愛的實踐。教學輔導教師要發揮對同事的愛，有耐心、有

方法地把每一位初任教師、新進教師、自願成長的教師、教學困難教師都帶上來，俾其都有良好的教師生涯發展，都能在教育大道上盡心盡力貢獻所學。

要帶好夥伴教師，教學輔導教師要有終身學習的理念，畢竟教學輔導教師不能「以過去所學的知識，教導現在的夥伴教師，適應未來多變的教學社會」。終身學習誠是教學輔導教師成功的必要條件。

要帶好夥伴教師，要先對夥伴教師尊重與包容。對於夥伴教師的學習風格與需求，要充分理解；對於夥伴教師的意見和反應要傾聽；對於夥伴教師不同的想法要予以尊重，而不是獨斷地把自己的觀念和作法強加在夥伴教師身上，造成夥伴教師的反彈，這樣是很難達成教學輔導的目標。

要帶好夥伴教師，要實施「差異化視導」（differentiated supervision）。由於每一位夥伴教師的「專業發展程度」、「教師學習型態」與「教師的心理動機」皆有所不同，教學輔導教師在實施教學輔導時，要先理解這些不同，而給予差異化的回應。

最後，毛連塭先生堅苦卓絕的精神是非常值得教學輔導教師學習的。有先生那種堅毅不拔的心志，凡事皆可成，教學輔導亦復如是。「信心、毅力、勇氣、奮發向上、永不放棄」誠是教學輔導成功之道。

六、結語

毛連塭先生誠爲我國教育大道的開拓者。在立功上，先生不僅在

特殊教育和創造思考教學有開創之功，對於我國的國民教育、師資培育以及教育資料與研究亦有難以磨滅的功績。在立言上，先生在特殊教育、創思教育的著作豐碩，對這兩個領域的學術發展有深遠的影響。在立德上，先生誠為「愛與包容」、「勤與樸」、「達觀與堅毅」諸美德的實踐者。其人雖已逝，但其「立德、立言、立功」已然三不朽矣。

參考文獻

毛連塭（2004）。**教育大道、牽手同行**。臺北市：作者。

毛琪瑛（2005）。父親——永遠的巨人。載於簡茂發等著，**毛連塭博士追思文集**（頁 243-248）。臺北市：呈峰。

吳明清（2005）。追思毛老師在國教司的日子。載於簡茂發等著，**毛連塭博士追思文集**（頁 59-63）。臺北市：呈峰。

吳清山（2007）。毛連塭——特教先驅，創造思考教學之父。國立教育資料館主編，**教育愛——台灣教育人物誌 II**（頁 199-214）。臺北市：國立教育資料館。

黃守誠（1998）。**劉眞傳**。臺北市：三民。

陳龍安（2005）。懷念恩師——臺灣創造思考教學之父毛連塭博士。載於簡茂發等著，**毛連塭博士追思文集**（頁 132-140）。臺北市：呈峰。

張德銳（2005）。提攜後進利益眾生的毛校長連塭博士。載於簡茂發等著，**毛連塭博士追思文集**（頁 153-156）。臺北市：呈峰。

曾美蕙、張新仁（1982）。特殊教育家毛連塭局長。**教與學，6/7**，23-24。

劉春榮（2005）。生命中的明燈與貴人。載於簡茂發等著，**毛連塭博士追思文集**（頁 146-150）。臺北市：呈峰。

韓繼綏（2005）。憶恩師毛連塭博士。**啟明苑通訊，52**，4-6。

簡茂發（2005）。亦師亦友性情中人。載於簡茂發等著，**毛連塭博士追思文集**（頁 14-16）。臺北市：呈峰。

簡茂發等人（2005）。**毛連塭博士追思文集**。臺北市：呈峰。

10

張雪門 幼兒教育先驅

一、前言

張雪門先生（1891-1973），係我國現代史上著名的幼兒教育家。張雪門早歲在華北地區推行幼兒教育，陳鶴琴則活躍於華南的幼教界，因此張雪門和陳鶴琴並稱為「南陳北張」，兩人在中國幼教史上占有相當重要的地位。張雪門除了在中國大陸推行幼教之外，也在臺灣進行幼兒教育與福利工作長達二十多年，係臺灣幼兒教育的先驅，有很多值得學習的地方。是故，先略述其生平事蹟，再說明其教育思想，最後再闡述其生平事蹟與學說對教師專業的啟示。

二、生平簡述

依據黃常惠（2000）、翁麗芳（2007），張雪門先生的生平可以簡述如下：

（一）出生殷實人家，新舊學問並進

張雪門，大陸浙江省鄞縣（寧波市）人，生於清光緒 17 年（1891）。張家是世代經營當舖的殷實人家，張雪門是兄弟五人中的長子，十三歲時父親過世，張雪門以長孫的身分備受家族期待，延師受家塾四書五經刻板卻嚴厲的課讀教育，再到鎮上「鄞山書院」就讀，再插班入讀「浙江省立第四中學」。張雪門畢業後即受聘執教小學，並未繼續升學。直至 1924 年（33 歲）才進入北京大學擔任註冊課職員，以工作餘暇旁聽北京大學教育系的各個課程，奠定其教育學

理論基礎。

（二）任教小學，並開始對幼教深入探索

民國元年（1912），張雪門出任鄞縣「私立星蔭小學校」校長，開始接觸學校教育工作。而真正開始從事幼兒教育，則是在民國 6 年（1917），參加了浙江省教育參觀團，到過上海、南京、無錫、蘇州、南通等地，考察幼兒教育。他發現各地的教學方法竟是不同的，例如：蘇州的幼兒園以教師的琴聲引導，孩子遊戲到講故事的銜接過程，都以跳步方式進行。而無錫的蒙養園，則採用了固定的課程時間表，以老師為中心，孩子跟著老師的指示活動。而這些不同的教學型態，孰優孰劣，而孩童又應該接受什麼樣的教育，這個疑問在張雪門的心中萌芽。

同年，因家鄉仕紳的資助和支持，張雪門在鄞縣籌設「星蔭幼兒園」並任園長，這時張雪門開始了他的幼教生涯，但在此時，張雪門對西方幼教思想還沒有深入的接觸。另為了培育幼兒園的師資，在1920 年 4 月，張雪門創辦「星蔭師範幼稚學校」，開始幼兒園師資培育工作。

（三）赴北京朝聖，學習幼教理論

民國 11 年（1920），張雪門時年二十九歲，他帶著朝教育之聖，取幼教經典的念頭上北京任教與求學，先到當時新教育名校「孔德學校」（首任校長為蔡元培），擔任小學部主任。

民國 13 年（1924），張雪門在北京大學教育系旁聽課程。惟在

教育系的課程裡，並沒有張雪門感興趣的幼兒教育。直至有一次在參觀博氏幼兒園之後，買花生米吃，意外發現包花生米的報紙上竟然是福祿貝爾（F. W. Froebel, 1782-1852）的講義，後來從這張紙尋線找到福祿貝爾《慈母曲及唱歌遊戲集》（Mother's Songs, Games and Stories）的註解本，張雪門便開始著手研究福祿貝爾。

此時北大教育系主任高仁山給張雪門很大的鼓勵並提供福祿貝爾、蒙特梭利（Maria Tecla Artemisia Montessori, 1870-1952）的著作供他研究，張雪門因此定下「以一年時間研究福祿貝爾、一年研究蒙特梭利、一年時間研究世界各國，再以一生研究我國的幼稚教育」這樣的職志。高仁山是留美的知名教育學者，對張雪門日後幼稚教育思想的形成扮演著啟蒙的角色，是張雪門研究幼兒教育的第一個貴人。

民國 17 年（1928），張雪門再次回到孔德學校任小學部主任，兼任《新教育評論》編輯，因為這個職務之故，張雪門結識了名教育家陶行知，因而張雪門在師資培育概念上，受到陶行知許多的啟發，係張雪門研究幼兒教育的第二個貴人。

（四）全心投入幼教研究，致力培育幼教師資

1928 年，張雪門和幾位朋友成立了「北平幼稚教育研究會」的組織，專門從事幼兒園教學方法的研究工作。隨後，孔德學校創辦幼稚師範科，併設於高中部，由張雪門任孔德幼稚師範科主任。

除了行政工作之外，張雪門還主講幼稚教育課程，並指導師範生從事實習的工作。有鑑於當時的師範教育重理論而輕實務，張雪門亟

思改革，乃將其在曾任職的「鄉村建設實驗院」所學到的「騎馬者應從馬背上學」的信念，應用到師範生的課程上，於是「有半日實習半日授課」的新式教學方式出現。

孔德幼稚師範科經營兩年後，1930 年秋，張雪門應聘到北平香山慈幼院，和院長熊希齡的女兒熊芷在香山見心齋創辦「香山幼稚師範學校」，又稱「北平幼稚師範學校」。在張雪門的主持之下，香山幼稚師範學校成為 30 年代前期中國北方學前教育改革的試驗中心。為了貫徹師範生實務學習的經驗，加強學科知識和生活技能，張雪門在香山幼稚師範學校採用半「道爾頓制」（Dalton Plan）的教學方式，重視幼師生行為的實踐，以之為吸取知識、技能和習慣的策略。亦即，除了「幼兒遊戲」、「美術工藝」等課程是在教室講授之外，所有科目都採自動、合作、自主學習方式：每個月發給學生課程指導書，教師按日課表時間出席教室讓學生諮詢，而學生自由出入，自主安排學習進度。

在致力幼兒教育、幼兒師資培育的同時，張雪門也因為國家面臨日軍不斷的侵略而憂心忡忡，所以在民國 22 年（1933），北平社會局起草幼兒園具體課程實施方案，張雪門便大力主張在兒童為本位的教育課程中加入民族意識教育。他認為幼兒也需要公民訓練，培養民族思想，才能符合當時的社會需求，然而這個民族改造的幼兒教育之建議，並未獲當局採納。

民國 23 年（1934），河北省教育廳邀張雪門擔任科長，張雪門首次從事政府部門的教育行政工作。同年秋天，聘請山海工學團輔導主任戴自俺到北平，協助他在北平埠城門外羅道庄所開辦的鄉村教育

實驗區，將整個實驗區規劃成一個完整的教育體系，包括幼稚教育、成人教育和婦女教育，目的是讓幼師生有更多在農村落實、印證兒童發展理論的機會。

（五）抗戰爆發，仍致力培育幼教師資

1937 年 7 月，蘆溝橋中日戰爭爆發，平津先後淪陷，張雪門不願意留在北平當亡國奴。遂將香山幼稚師範學校遷到廣西桂林，並和當時的廣西省教育廳長邱昌渭協商，開辦為期一年的短期幼稚教育師資訓練。隨後，正式開辦了「北平香山慈幼院桂林分院廣西幼稚師範」（即香山幼師桂林分校），然因戰火擴及桂林，乃將幼稚師範學校由桂林遷到古宜，接著又遷到丹洲。

民國 31 年（1942），張雪門應聘至陝西的「國立西北師範院」任教一年，並主持該校家政系所設立的家庭教育實驗區。民國 32 年（1943），轉到重慶從事兒童福利制度的實驗。隔年（1944），到四川江北縣水土沱，招收戰時兒童保育院畢業的女生，著手保育員的訓練。並且為了幼稚教育的加速發展，在各地成立以最少經費普及幼兒教育的「幼兒團」，一邊招收兒童，一邊訓練幼教行政、教學人才。

（六）渡海來臺，篳路藍縷，以啟山林

抗戰勝利之後，張雪門從重慶回到北平，然原來的北平幼稚師範校地已成為「北平市立第三女中」，為了復校，張雪門多次向北平市教育局請願未果，乃在民國 35 年（1946），應臺灣省民政處之邀，

帶著女兒張玫到了臺灣，在北投創設兒童保育院（後稱「臺灣省立臺北育幼院」）。

　　創立之初的臺北育幼院所收容的兒童係家境貧寒和智能不足、營養不良、文化落後等等的弱勢兒童。張雪門為區分嬰兒教保、幼兒教育和學齡兒童教育的重點不同，乃將六足歲以上兒童遷到小學部，於是育幼院正式劃分為「育嬰部」、「幼稚部」和「小學部」。臺北育幼院係臺灣光復後第一所政府規劃設立的專業性兒童保育機構，為後來的臺灣兒童福利和教育工作奠定了扎實的基礎。

　　為了彌補師資的不足，張雪門從大陸聘請了由香山幼師畢業的姚潤珍、袁孟英、李蟾桂、池寶華、華霞菱等來臺任教。其中，李蟾桂後來轉任臺北師範學校（今國立臺北教育大學）實驗小學附設幼兒園主任，而華霞菱則在新竹師範學校（今國立新竹教育大學，現合併於國立清華大學）實驗小學附設幼兒園主任。二位高足皆在幼教領域實施張雪門先生的「行為課程」。

　　張雪門在主持育幼院期間相當重視對家長的親職教育，他認為一套完整的教育，對象不只是針對師範生、院童，家長也應該參與。同時，因為當時院童的生活經費不足，所以為籌措院童的伙食費，在育幼院成立家長會，一方面作為家長和院之間的橋梁，另一方面透過家長會發動義演募款。

（七）戮力從公，繼續從事幼教師資培育

　　除了創辦育幼院之外，張雪門也受邀在臺北女子師範學校（即現臺北市立大學）幼稚師範科為高年級學生授課。張雪門讓學生分為兩

組，一組到育幼院實習、一組留校上課，然後互換過來。學生則以育幼院中的兒童作實習的對象。這種作法不但解決了院中缺人手的問題，也讓臺北女師的學生除了理論的學習外，亦可經由參觀、見習、試教、輔導等實習歷程中，培育扎實的知識、技能和習慣。

此外，張雪門從 1950 年起，以通信方式指導臺南師範學校幼稚師範科進行行爲課程實驗。1952 年親赴臺南師範學校講學三週，爲暑期講習會的學員授課。同時，亦參與並指導「中國幼稚教育學會」幼教推廣工作。

（八）退休後勤於筆耕，並致力幼教

民國 42 年（1953）張雪門因爲視力不佳，從臺北育幼院退休。退休後的張雪門兩袖清風，搬離宿舍後並無棲身處，幸賴王介容、李蟾桂、華霞菱等門生不忍終身奉獻教育的恩師晚年竟居無定所，乃集資在北投大屯山麓興建一屋贈，張雪門稱之爲「石室」（係石頭建材所建），石室之小廳名「誰來堂」，以示今日此堂屬我，他日又不知此堂屬誰的無常感慨。

雖然疾病纏身，但是張雪門仍不放棄幼兒教育及師資培育的工作，所以當臺南師範幼稚師範科成立實驗幼稚班，請張雪門當顧問，指導行爲課程的實施時，他義不容辭地答應了。此外，張雪門也在《中華日報》出版每週一次的幼教之友專刊，其目的是傳遞行爲課程的理念，以及提供幼教資訊。

張雪門的晚年生活，健康不佳，視力出現問題，更因爲中風而半身不遂。雖然在病痛中，張雪門仍以一隻眼、一隻手的方式，筆耕不

輟。民國 43 年（1954），空軍婦聯分會在全省各眷村普設幼兒團，聘請張雪門為顧問，每月編寫《幼教輔導月刊》，刊載幼兒活動教材，傳遞幼師教學、溝通技巧以及深入淺出的幼教理念，係幼教老師少有的在職進修教材。

民國 45 年（1956），僑民教育函授學校校長彭震球請張雪門擔任幼稚教育科的主編，為僑務委員會編寫《幼稚園課程活動中心春、夏、秋、冬》、《幼稚教育講義》，以作為海外華僑從事幼教的參考教材。另張雪門亦陸續編寫出版的書籍還有《幼稚園科學教育集》、《實習三年》等專書。

1972 年 4 月 15 日，張雪門因為再次中風，逝世於臺北市立和平醫院。一代教育家揮別清貧但對幼兒教育貢獻卓著的人生，令人景仰與懷念。

三、教育學說

張雪門先生最著名的教育學說係其所研創的「行為課程」。翁麗芳（2007）指出行為課程乃本於王陽明的「行乃知之始，知乃行之成」學說及杜威的「做中學」思想，融合儒家知行合一與西方近代經驗主義哲學所形成的幼兒教育觀。

張雪門主張「生活」為幼兒園課程的主要內涵；「行動」是幼兒園課程設計的唯一原則，是連結幼兒園教材與教法的主要中心。是故其基本思想係「生活即教育」、「行為即課程」。幼兒園教師必須研究幼兒園課程內容與方法，如此，不但可以幫助孩子成長，也是教師

自身成長的主要途徑（翁麗芳，2007）。

王春燕（2008）指出行為課程的基本觀點是：幼兒園的課程就是「給三足歲到六足歲的孩童所能夠做而且喜歡做的經驗預備」，然而這些經驗不是零散的、無序的，而是有目的、有計畫、有組織的通過活動讓兒童獲得有益的經驗。

幼兒園行為課程的目標係以社會需要為遠景，以兒童個體發展需要為近景，促進兒童身心全面發展。也就是說，課程固然需要注意到社會生活的意義，但決不可憑著成人主觀的意見，強諸於孩子。相反的，幼稚生時期滿足個體的需要實甚於社會的需求。幼兒園的課程目標就是要滿足兒童身心的需求，養成兒童擴充經驗的方法與習慣，培養其生活的能力與意識，從而使兒童的身心得到全面的發展（王春燕，2008）。

張雪門把幼兒園行為課程的內容劃分為：(1) 兒童的諸般活動，即兒童自身發展中所進行的一些活動；(2) 兒童的自然環境，即兒童周圍生活中一切有關自然界的事物與知識，如植物、動物等；(3) 兒童的社會環境，即與兒童現在生活與未來生活有關的社會生活知識，如家庭、鄰里等（王春燕，2008）。

幼兒園行為課程的要旨係以行為為中心，強調「做學教合一」，亦即怎麼做，就怎麼學；怎麼學，便怎麼教。其實施歷程包括：引起「動機」、確定教學「目的」、設計「活動」、擬定具體的「活動過程」、安排與應用「工具及材料」。可見行為課程是起於活動而終於活動的有計畫設計，實施過程採用單元教學法，以生活為內涵，徹底打破了各科的界限（王春燕，2008）。

黃常惠（2000）指出，張雪門推行行為課程強調幼兒從生活中的行為獲得經驗，從行為獲得經驗的作法也運用在師資培育的方法上，因此他強調師資培育中實習的重要性，希望藉著有計畫的實習，讓師資生獲得有用的知識，能實際運用在幼兒園的工作之中。

大體而言，張雪門所倡導的教育實習可以分為參觀、見習、試教、輔導四個步驟，其中輔導一直貫穿於三年的師資培育中（賈艷紅，2011）。「參觀」是在培養師資生對於幼兒園的基本觀念。參觀的內涵為設備、教師與兒童、兒童與習慣、各科教學的過程、整個的設計及行政六項。參觀完後宜立即討論與寫報告。實習時間是在一年級第一學期。「見習」是把師資生從參觀中所得的經驗，再經過一次行為的演示，使他們的認識更清楚，觀念更堅定。見習時間是在一年級第二學期。「試教」安排在每天下午，分組到所分配的幼兒園去工作，實習時間是二年級一整年，從幼兒園的教學到行政事務都要參與，教師退居幕後做顧問。「輔導」的意義在於使師資生研究兒童問題為出發點，實際從事輔導工作，進而擴大到實際參與社會建設，讓師資生更堅定地從教育工作中了解教育的真諦。輔導階段由三年級的師資生全權負責，時間是一年，教師在必要時給予協助和鼓勵。

四、對教師專業的啟示

綜觀張雪門先生的事蹟與思想，有許多值得臺灣教育界學習的地方。首先，在教育行政機關上，應重視教育實習的重要性。除審慎規劃教育實習制度（以一年為佳）外，對於師資培育大學給予實質的補

助與獎勵；對於實習學校給予實習輔導教師培訓及提供工作津貼；對於實習學生給予實習津貼和獎勵。

　　對於師資培育機構而言，應重視教學實習課程，畢竟實習是教育理論結合教育實務的最重要環節。實習課程應貫穿於整個師資培育歷程，而不是只有兩個學分的專業訓練。實習從一年級的參觀、見習，到第二年的試教，到第三年的輔導，做有計畫、有系統、有組織的安排。

　　對於現代教師而言，張雪門的思想與事蹟也有許多的啟示：

　　第一，教師要有教育愛，對於家境貧寒和智能不足、營養失調、文化不利等等的弱勢學生，應賦予更多的關愛，讓愛滋潤這些苦難的學童。

　　第二，教師要致力專業成長。唯教師的專業成長，除了研習進修外，更應重視「做中學，行中思」，也就是「實踐本位的教師學習」，此種學習型態係指教師在教學現場的實踐與學習，透過不斷思考教學本身所需的實務技能，反省實踐與協同合作研究有關教室教學實務，以提升教學實務智慧。此種學習方式與《禮記・學記》：「是故學然後知不足。教然後知困，然後能自強也。」有異曲同工之妙。

　　第三，教師要有以學生學習為中心的教育思想。在教學過程中，有了學習的必要，才有施教的可能。「要怎麼學，便怎麼教」，可見教師要配合學生的學習需求。教師的角色不是指導，不是灌輸，而是引導，而是協助。教師要放手讓學生成為教室主角，把教學的舞臺儘量讓給學生充分發揮其學習潛能。

　　第四，教師對於學生的學習發展，要強調「做中學」的重要性。

「要怎麼做，就怎麼學」，可見學習是來自實作的。是故，教師在講解一個概念或技巧後，一定要讓學生有操作的機會，以精熟概念或技巧，並且在實作的過程中，養成發現問題、解決問題的能力和習慣。

第五，教師所提供的課程要有遠大的目標，一方面能滿足社會的需要，另方面更要符合學生個體發展需要。而且在課程內涵上，要符合學生的生活經驗；課程設計上要符合學生的能力和興趣；在教學過程中，要讓學生有自我發表和自由創作的機會。以上四點皆是張雪門「行為課程」理論給予教師的啟示。

第六，教師為達成教學目標，要做充分的「備課」。備課內容含知識上的準備、技術上的準備、作業上準備、工具材料、教案設計上的準備等等。當然，備課可以個別的備課，也可以和教師同儕做集體的備課。後者，更有集思廣益、精進情誼之效。

第七，教師的工作除了教學之外，亦應從事學生輔導以及親職教育的工作。輔導工作主要從研究、了解學生問題，並且協助學生解決問題為出發點，進而擴大到實際參與社區的建設工作。親職教育在於培養家長的正確教育理念，並且善用家長的人力與物力幫助學生學習。是故家長是教師的「助力」而不是「阻力」。另外，家長是學校推展教育最重要的合夥人，宜秉持「參與不干預、投入不介入、支持不把持」三大原則，積極且主動參與學校事務，讓學校行政、教師與家長三方互動良好。

最後，張雪門在退休後勤於筆耕並致力幼兒教育的作為是非常值得教師學習的。教師們如能在退休後，仍能風華再現，不忘初衷地在教育界，或做代課教師，或做各式各樣的志工，或做初任教師的教學

輔導教師，或者從事教育理論與實務的寫作，都是令人敬佩的。

五、對教學輔導教師的啟示

　　張雪門的事蹟與學說對於教學輔導教師亦有諸多啟示。首先，就像張雪門在從事幼教活動中遇到兩位貴人──高仁山和陶行知，教學輔導教師實是夥伴教師生命中的貴人，而這一段貴人啟導的歷程，是知性的，也是感性的。經由知性的啟迪，教學經驗得以傳承；經由感性的交流，師徒間的情感也將與日俱增，這是人生中一段彌足珍貴的經驗。

　　在師徒傳承中，還是要以夥伴教師為中心，教學輔導教師只是陪伴與支持。教學輔導教師的角色不是指導，不是灌輸，而是引導，而是協助。教學輔導教師要放手讓夥伴教師成為學習的主角，把學習的舞臺儘量讓給夥伴教師充分發揮其學習潛能。

　　「實踐本位的教師學習」是夥伴教師學習與成長的最佳途徑。在做中學，在行中思，並配合教師研習與自修，夥伴教師的教學成長指日可待。在夥伴教師行為實踐過程中，教學輔導教師提供必要的協助與支持。另外，亦可協同夥伴教師一同參與研習，一起專業成長，一起將所學透過「單元教學研究」（lesson study），落實在日常的教學活動之中，這種協同合作式的專業成長是非常值得提倡的。

　　在教學輔導教師與夥伴教師所共同進行的「單元教學研究」中，共同備課、觀課與議課將成為教學成長的利器，所幸教學輔導教師皆有受過「臨床視導」（clinic supervision）方面的專業培訓，在夥伴

教師教學時，將可提供適當的教學觀察與專業回饋。當然，教學輔導教師宜先教給夥伴教師看，讓夥伴教師有見習的機會，這樣一方面，夥伴教師能從教學觀摩中學習到更多的教學技巧，另方面在自己教學時也會更加有把握。

此外，教學輔導教師在規劃與執行教學輔導計畫中，要有遠大的目標，一方面能滿足學校發展的需要以及教學發展的趨勢，另方面要符合夥伴教師個體發展需要。另外在計畫內涵上，要符合夥伴教師的教學經驗與學習風格；在計畫實施過程中，要讓夥伴教師多有自由創作和成果分享的機會。

最後，教學輔導教師在退休後，仍可繼續擔任教學輔導的工作。此時，因已無教學與行政的牽絆，將可全心全力對更多的校內夥伴教師提供服務，另外亦可擔任他校的教學輔導教師，從事跨校性的教學輔導工作。這種充分自我實現的人生，將可使教學輔導教師的退休生涯更具有生命的意義。

六、結語

張雪門先生誠為我國幼兒教育的先驅。綜觀其一生，可知他對幼兒教育的熱忱終身不變，他積極、開創、實驗，為幼兒教育奮鬥不懈的努力，貢獻卓著，特別是在其病體顛危的晚年，仍「隻手隻眼」撐持撰述，留史傳承，正是每一位從事教育工作者所需要向他學習和致敬的地方。

參考文獻

王春燕（2008）。張雪門幼稚園行為課程及其現代意義。**華東師範大學學報（教育科學版）**，**26**(4)，73-78。

黃常惠（2000）。**張雪門幼兒教育思想及實踐之研究**（未出版之碩士論文）。國立臺灣師範大學，臺北市。

賈艷紅（2011）。張雪門幼兒師範教育實習思想及其現代意義。**教育與教學研究**，**25**(6)，3-7。

翁麗芳（2007）。張雪門——臺灣幼教傳奇。國立教育資料館主編，**教育愛——台灣教育人物誌 II**（頁 15-44）。臺北市：國立教育資料館。

11

歐用生　課程研究與發展的開拓者

一、前言

　　歐用生先生（1943-2019）是個性溫和、但勇於批判的教育家。在國內長期推動課程研究與發展，是此一領域的開拓者。另外，在師資培育與教師專業發展領域，他長期擔任公私立大學教育系所教授以及曾任國立臺北師範學院校長、臺灣省國民學校教師研習會主任，在此一領域亦有卓著的貢獻。茲先略述其生平事蹟，再說明其在教師專業發展上的理念，最後再評述其生平事蹟與理念對教師專業的啟示。

二、生平簡述

　　依據歐用生口述、章五奇記錄整理的《黑暗中書寫：歐用生的學思旅程》（歐用生、章五奇，2019）一書，歐用生先生的生平可以簡述如下：

（一）出生寒微，刻苦勵學

　　歐用生先生係臺灣高雄縣大樹鄉（今高雄市大樹區）人，生於民國 32 年（1943），排行第五，上有兩位哥哥、兩位姊姊。歐用生小時候家境十分清寒，家無恆產。家裡只有一塊小小、又很貧瘠的旱地，只能種種蕃薯、鳳梨，生活難以維持。父親歐金鎖先生無業，但因係全村子裡唯一識字的人，便義務在村子的廟裡教導村中小孩讀書。歐母在歐用生三歲時即過世了，是故歐用生係由祖母扶養長大。四位兄姊以給人家打零工、割稻子、割草等承擔起家計。

節儉樸實、認命不認輸的歐用生，從小功課就很好且品行優異，深受老師的照顧與器重。在大樹國小五年級時，有一次掃廁所，他說：「沒有人來掃，那我們來掃吧！」被五年級鄭姓導師聽到後很感動，並在朝會時予以表揚。六年級的導師是黃老師，因常被黃老師叫去辦公室幫忙拿東西，會被其他老師笑著說：「黃老師的『兒子』又來了！」六年級即將畢業時，黃老師送他一枝舊的鋼筆，讓他很感動。從兩位老師身上，歐用生學到什麼是好老師。

　　1956 年歐用生大樹國小畢業後，以優異成績考上高雄縣（今高雄市）鳳山中學。就學期間表現優秀，雖每日來回通車要花四個小時，但是歐用生在沒有補習下，從初一到初三成績一直保持全校第一名，被視為大樹鄉的奇蹟。

　　就學初中期間，初一就幸運遇到良師 —— 國文老師兼導師黃老師。黃老師以前是一位記者，他是歐用生遇到教國文教得最好的老師，學生聽課時，個個眼睛睜得雪亮。教作文非常認真，還會認真回應學生。歐用生讀臺師大的時候，很想去讀國文系，就是受到黃老師的影響。

　　初中第一名畢業可以直升鳳山中學的高中部或者是保送師範學校，而且要讀哪一所師範學校，可以自己選。歐用生毫無猶豫地選擇了師範學校，其理由有二：第一個理由是公費，不必家裡付錢。第二個是畢業後馬上有工作，先把生活顧好再說。

　　歐用生家離屏東師範學校比較近，但是他選擇就讀臺南師範學校就學。當時，各師範學校辦學各有特色，屏師以「三動教育」聞名，強調學生要「運動、活動、勞動」；南師則以出法官、教授為出名。

因為歐用生好讀書、有強烈上進心，乃選擇南師就讀。

（二）就讀師範學校，初為人師

1959 年，歐用生就讀臺南師範學校。就讀師範三年期間，只有第一年成績不是很好，因為有點鬆懈，心還沒有安定下來，但是經過慢慢調整後，成績又恢復第一、第二了。不過依歐用生印象，師範學校的教育專業科目，像「教育概論」、「教材教法」、「教育心理學」這一類課程，並沒有太大的功效，對日後的教學沒有什麼幫助，這也是日後歐用生擔任國立臺北師範學院校長時，努力改革的重點。

當時師範學校教師都只有大學畢業而已，教導學科知識並不會比一般高中強，但是對學生都很照顧，經常看學生早自習、晚自習，和學生聊天。那時應該沒有加班費，但是老師們還是很願意陪著學生，歐用生從他們身教中，學到師道的精神。也就是說，師範學校的老師比較重視班級經營、師生關係，是用身教來教導，學科知識卻是比較弱。

那時師範生幾乎都是全省各地方的菁英，男生家境大都很窮，女生就不一樣，那時候的觀念，女生當老師，可以嫁醫生、嫁大官，男生在情感上就比較單調苦悶。由於國家認定師範學校是精神國防，所以採軍事化管理，要集體住校、要早晚點名、要寢室管理，雖大部分學生都可以接受，但是還是有學生認為管理太嚴格而引起反彈，因此在快畢業時，在訓導處的大門寫了三個字：「出頭天」，意思是就要畢業了，再也不要給你們管了。

1962 年，歐用生時年十九歲，從臺南師範畢業，分發任教高雄

市旗津的中州國小。中州國小是偏鄉學校，教師異動頻繁，教學壓力較小。歐用生自認教學乏善可陳，只是想像以前老師怎麼教我們，就依樣畫葫蘆地教學生，也沒有什麼創意。不過幸好那時候學生很乖，家長也還很配合。

由於受到初中同學都已經考上臺大、成大的比較心理，加上歐用生強烈的上進心，乃在教學之餘全心全力準備大學聯考。除了到高雄市補習數學和英文外，三年下來，國文、英文、地理、歷史、三民主義每科都背了二十幾次。經過三年的努力，終於在公費生教完三年的義務後，如願地考上臺灣省立師範大學（今臺師大）教育學系。依歐用生當時大學聯考成績可以考上臺大法律系，但是為什麼還是選擇師範學院？答案還是在師範生可以享有公費待遇，是窮學生的最愛。

（三）就讀臺師大，負笈東瀛

1965 年，歐用生就讀臺灣省立師範大學，大二時與班上六、七位同學組成讀書會，準備教育行政高等考試。大三時高檢及格，大四時與讀書會的另三位同學，同時考上教育行政高等考試及格，獲分發教育部擔任專員，但因為尚在就學，只好保留任用資格，並未赴任。由於考試的順利，歐用生的原則就是「有試必考」，有考就有機會，所以一定要考。

歐用生大三時選修數學組，準備當數學老師，另選修日語，授課老師是臺大日文系黃仲圖教授，由於黃教授的課上得很好，很吸引人，循循善誘，為歐用生往後留學日本打下良好的基礎。為加強日語能力，歐用生並於救國團青年服務社補習日語。

1969 年從臺師大畢業後，歐用生以前三名的成績，獲任教臺北市弘道中小學國中部。任教一年後服兵役。退伍後，就考上「日本文部省獎學金考試」，乃於 1971 年辭教職、賠公費，赴日本就讀碩、博士學位。

　　1971 年 4 月歐用生前往日本，先赴九州大學求學。剛到東京機場，看到各式各樣前往世界各國的飛機，頓時感到世界之大。走在東京的街頭，有人披頭散髮，有人奇裝異服，還有激烈的學生運動，這些在當時的臺灣，都是被禁止的，歐用生深受異國文化的「文化震撼」（culture shock）。

　　1972 年 10 月，歐用生考入東京大學，成為東京大學的正式生，開始碩士三年加上博士四年的學習生涯。求學過程中，歐用生曾修讀了指導教授山內太郎所開授的一門課「學校論」，課中研讀 Ivan Illich（1926-2002）的名著《反學校化論》（deschooling）。該書中對強制性的義務教育有突破性批評，認為學校制度的壓迫性結構無法改革，必須加以廢除的觀點，對於歐用生的課程思想頗有影響。另外，歐用生又讀了 Michael W. Apple（1942-）許多有關教育與權力、文化政治、課程理論與研究、批判性教學以及民主學校發展的文章，對於批判性教學尤有心得。

　　另外，東京大學自由、開放的學風對於歐用生亦有深遠的影響。經常性、多樣性的學術演講與討論，瀰漫整個校園。其中之一，係每個禮拜二的「星期二讀書會」，有興趣的教師和學生都來參與，大家輪流就自己學習的領域，有哪些比較新穎的、能引起討論的內容進行報告，這種方式，比上正式課內容更充實有趣。

歐用生的碩士畢業論文題目係有關 Apple 所提出的「潛在課程」。博士論文題目係「日據時代臺灣公學校修身科課程之研究」，寫完論文計畫，也通過了計畫口試，然因回臺灣找工作。結果事情一忙，並沒有拿到日本東京大學的博士學位。直到回臺灣後，才於 1990 年取得國立臺灣師範大學教育研究所的博士學位。

（四）回國任教，嶄露頭角

歐用生於 1978 年回國，先任職臺灣省教育廳第四科當專員。不久，便回母校臺南師專當講師。臺南師專任內發表〈課程工學模式批判〉、〈日據時代臺灣公學校課程之研究〉以及諸多有關「反學校化論」、新教育社會學等論文。

1980 年，歐用生受新竹師專校長黃光雄的知遇之恩，任教新竹師專副教授兼校長祕書。在黃校長「無為而治」、「授權式」的領導下，歐用生獲得充分信任，也表現了行政長才，對於協助黃校長順利推動校務，有所貢獻。

除了在教學與行政上，歐用生在研究方面亦表現傑出。首先，在 1983 年，歐用生和黃光雄一起進行「價值澄清」教學法和道德討論教學法的整合研究：「國民小學價值教學實驗研究」，除理論探討外，先在竹師附小進行實驗，後來逐步擴及至新竹縣、新竹市進行實驗。到了 1986 年，臺灣省教育廳決定全面推廣。這一個專案，筆者在後期亦有所參與。筆者在 1990 年任職新竹師院副教授兼實習輔導室研究組組長時，便是負責這個研究專案的推動，歷時二年之久。

另外，在 1985 年，歐用生在《竹師學報》發表〈國民小學社會

科意識型態之分析〉，文中針對教科書中有關政治、性別意識型態加以批判，曾引起學術界及政治界廣泛的注意，掀起一陣不小的波瀾。

（五）參與「南海模式」和「板橋模式」課程發展

1985 年，政治大學黃炳煌教授邀請歐用生參與教育部「人文及社會學科教育指導委員會」的國小課程發展。該委員會的課程發展模式被稱為「南海模式」。「南海模式」出版兩本頗具重要性的文獻：《中小學社會學科教育目標研究報告》、《中小學社會學科組教材大綱研究報告》。後來，隨著黃炳煌教授擔任 82 年課程標準社會科修訂小組的召集人，使得「南海模式」的研究轉移為 82 年課程標準的修訂基礎。

另在黃光雄教授的引薦下，歐用生參與「板橋模式」——臺灣省國民學校教師研習會社會科實驗課程的編審委員。「板橋模式」的課程發展頗為嚴謹。那時在教科書統編版的時代，除由學者專家主持編審委員會外，會借調優秀教師到研習會發展課程。教科書編完以後，會經過編審委員會討論、修正，然後再經過認真的實驗以及再三修訂，才成為正式版的教科書。

（六）領導教育界，承擔課程改革先鋒

1988 年，歐用生參與國立編譯館《國小生活與倫理教科書改編本》的編寫工作，偕同黃健一、汪履維等具有新式教學觀念的委員，與堅持傳統倫理教學方式的委員們有激烈的爭辯與交流。最後在召集人顏秉璵（時任新竹師院校長）的折衷協調下，於一年後編輯完成改

編本。改編本教科書重視學生價值及鼓勵學生充分參與，此種改進以往呆板、說教的教學型態，深受學生所歡迎。

民國 79 年（1990），教育部毛高文部長決定啟動 82 年課程標準修訂，歐用生擔任總綱組委員暨道德和社會學科組的委員，得以在社會領域發揮更大的影響力。由於總綱組決定將國小「生活與倫理」改成「道德與健康」，並加強道德與健康的課程統整，歐用生乃任道德組召集人，臺師大衛生教育學系晏涵文教授則任健康組的召集人。在兩人充分合作與協同領導下，所編定的《道德與健康》教科書，得以落實主題統整和價值教學等理念。該版教科書採「板橋模式」加「舟山模式」，亦即由學者專家領導一群優秀國小教師先編製實驗教材，每編完一冊，就送到各縣市選一所學校實驗，實驗完後，成為「實驗本」，再將實驗本送到國立編譯館編審委員會審查後成為「正式本」教科書。唯歐用生惋惜 82 年課程標準命運多舛，而依 82 年課程標準所嚴謹編訂的教科書，到了 87 年九年一貫課程綱要的頒布實施後就廢棄不用了。

1993 年，歐用生復受教育部郭為藩部長的聘請，擔任國小鄉土教學活動課程標準修訂委員會主任委員。經過半年努力，參考國外經驗，如日本、新加坡、香港等，以及國內各縣市已經發展好的鄉土教材，乃制定完成我國第一套鄉土教育課程標準，對國內鄉土教學的推動，卓有貢獻。

（七）從事教師教育工作，耕讀杏壇

1993 年 5 月，臺灣省政府教育廳陳英豪廳長派任歐用生擔任臺

灣省國民學校教師研習會主任，任內做了三件事。第一，改進研習內容和研習方式，在內容上配合國家推動的重要教育政策，做比較專業和長期式的進修；在研習方式上，改變傳統的演講方式，強調實作與討論。第二，承接教師研習會三峽會區（今國家教育研究院）的建設工作。第三，配合教科書的開放政策，做「板橋模式」的收尾工作，倡導「板橋模式的再生－三峽模式」，可惜其倡議並未獲得教育當局的重視。

1995 年 1 月歐用生經遴選擔任國立臺北師範學院校長，任期兩任共六年，直至 2001 年 1 月卸任。任期內做了三件事。第一是舉辦創校一百週年校慶；第二是成立全國校友會，校友總數在十萬人以上，第一任理事長是李建興先生（時任教育部政務次長）；第三是增設課程與教學研究所、兒童英語教育研究所等八個研究所。其中，1997 年所成立的課程與教學研究所是國內第一個課程所，2001 年該所增設博士班亦為國內第一個課程類博士班。之後，國內各師培大學也紛紛成立課程與教學研究所，成為國內推動十二年國教新課綱的主力。

2003 年 7 月歐用生自國立臺北師院退休，轉任淡江大學教育政策與領導研究所。2004 年受黃光雄教授引薦，擔任吳鳳技術學院講座教授，並在中正大學兼課，指導博士生。2007 年任教大同大學通識教育中心，為該校申請獲得教學卓越四千多萬的經費。2010 年任職首府大學人文教育學院院長，任內一方面建立制度，另方面努力形塑教學與研究的文化。任職首府大學的第二年，開始在大學推動「學習共同體」。

（八）參與十二年國教課程規劃與發展，寄望課改未來

2008 年，歐用生參與十二年國教課程八年研究計畫。該研究計畫係國家教育研究院籌備處陳伯璋主任為規劃十二年國教新課綱所推動的基礎研究，歐用生除負責其中的四個有關「課程機制研究」的子計畫之外，並參與其中兩個很重要的研究：《國家教育研究院十二年國民基本教育之體系發展之草案》、《十二年國民基本教育課程發展建議書之草案》，係奠定十二年國教的方向和內涵之重要文件。

另在課程發展上，歐用生擔任十二年國民基本教育課程綱要總綱組的副召集人（召集人係黃政傑教授），另兼國小組負責人。在課程發展過程中，歐用生主張要釐清十二年國教課程「核心素養」與九年一貫課程「十大基本能力」的不同、宜將重大議題融入各領域、應實施課程統整等。

為寄望我國課程改革能順利成功，歐用生建議我國宜師法日本，及早建立常設性的課程發展機構，而不是臨時性的課程發展委員會（課程發展完成即自動解散）；以學生學習做課程發展的架構，而不是以學科做架構；每十年修訂課程一次，到了第七年多的時候，教育部就宜發揮功能，充分利用課程分會的課程發展委員會研究成果，作為修訂的初步構想。我國於 2011 年 3 月 30 日正式成立的國家教育研究院「課程及教學研究中心」，正是在此一構想下應運而生。

（九）引入學習共同體，致力國際交流

2011 年，歐用生應新北市政府教育局之邀，開始在新北市的中

小學推動日本學者佐藤學的「學習共同體」。先由歐用生帶團去日本濱之鄉小學參觀，後來以讀書會、專題演講、補助各校組成跨領域、跨年級、跨學科的專業學習社群、教學觀摩、成果發表會等方式，實施「單元教學研究」式的共同備課、觀課與議課。

歐用生自首府大學退休後，對於課程與教學的推動熱忱不減，經常在學術刊物或研討會中有儻論發表，即使病痛纏身，仍藉Facebook完成《課程語錄》一書。不幸於 2019 年 9 月 24 日以腦癌逝世於臺北，享壽七十七歲。

三、教育學說

歐用生先生在課程、師資培育與教師專業發展上有傑出的學術表現與論著，唯本文限於篇幅，把主題放在教師專業發展上。

歐用生（1996）主張教師是課程改革方案的執行者、主要參與者，是課程改革成敗的關鍵人物。是故，教師必須與時俱進，不斷發展，才能應付課程改革的需要。

歐用生（1996）在《教師專業成長》一書中，對於為什麼要專業發展、如何加強專業發展，以及專業發展的途徑等，有如下的觀點：

在為什麼要專業發展上，可以從三方面說明專業發展的重要性：首先是課程和知識基礎的不斷增加，其次是教師自我革新以求生存與發展的需要，第三是社會對學校教育的要求及不滿不斷加大，要求學校及教師負起績效責任。

在如何加強專業發展上，可以分成自我發展途徑以及相互學習途

徑。自我的發展途徑計有：

1. 培養開放態度：腦的開放、心的開放、手的開放、門戶開放、空間開放。

2. 加強敏感性的培養：敏於察覺問題、解決問題。

3. 擬訂生涯發展計畫：讓自我發展從導入、發展，而達到精緻的境界。

4. 加強書寫活動：教師在教學過程中，將其所思、所想、所感、所作、所為，以及事實、推論等書寫下來，與同事討論、分享後，加以反省。

5. 實施教學研究：教師是研究者，教師就是專家，不僅要作研究，而且要研究自己或同事的教學實際。「教師就是巴夫洛夫（研究者），不是巴夫洛夫的狗（被研究的對象）。」

在相互學習、以建立教育社區上，歐用生指出建立教育社區是基於三個原因：(1) 由「獨學」而「群學」；(2) 由「封閉」而「開放」；(3) 由「知識傳遞」而「知識建構」的典範轉移。另教育社區的特質有四：開放（openness）、對話（dialogue）、反省（reflective）與平等（equality）。

至於建立教育社區的途徑有下列四個：

1. 強調合作學習：合作學習（collaborative learning）是成員經由協商的過程，依共同的權威達成共識的一種團體的努力。

2. 加強夥伴關係（partnership）：教師與同事應該是合作的夥伴，而非「牆的另一端的陌生人。」在學校裡，最簡單的夥伴關係是，教師和另一同事（如隔壁班教師）形成夥伴。較正式的夥伴關係則

有：資淺教師和資深教師的夥伴，或者實習教師和實習輔導教師的夥伴。

3. 實施臨床視導：透過觀察前會談、教學觀察、觀察後的回饋會談，增進視導人員之間的交互作用，並改進教學。

4. 加強合作教學研究：學院派學者、專家應和教學實際工作者合作，實施教學研究，如此，教授可提升教學實務經驗，教師則可培養研究能力，雙方互蒙其利。

四、對教師專業的啟示

綜觀歐用生先生的事蹟與理念，有許多值得臺灣教育界，特別是老師們學習的地方。首先，對師資培育機關而言，有鑑於公費生對於清寒優秀學生具有強烈的吸引力，在目前以自費為主的師資培育中，仍可保留少部分的公費生名額給優秀清寒學生，以吸引優秀學生入學。

對於師資培育機構而言，宜建立有特色的教育學程，才能吸引學生就讀。另外，要加強教育專業科目，像教育概論、教材教法、教育心理學這一類課程，能對師資生日後的教學有實質的幫助。更重要的是，要重視師道的精神，讓師資生在潛移默化中培養出人師的風範。

對於教師，歐用生先生的事蹟與理念有更多的啟示：第一，從歐用生受老師的照顧與器重中，影響其一生的發展，可知教職工作的神聖使命。教師應肯定作為教師的意義與價值，因為好老師是永遠令人懷念的。好老師不僅影響學生的知識、技能與態度的發展，甚至會將

其教學方式與態度，無形中傳承給將來要當老師的學生，因為如同歐用生一樣，他是從國小黃老師和鄭老師身上學到什麼是好老師。

第二，歐用生從貧窮中打拼的臺灣精神，也是具有啟示性的。只要努力，凡事都是有可能的；只要有信心、毅力、勇氣，堅持到底，永不放棄，許多教學困難都是可以克服的，都是可以勝任的。

第三，教師要有開放的心態，亦即：(1) 腦的開放：要批判思考，發揮創造力；(2) 心的開放：敞開心胸，接受別人的想法和意見；(3) 手的開放：參與校務，關心校務改革；(4) 門戶開放：打開教室，歡迎校長、主任、同事或視導人員來研究、來觀摩教學、來作專業對話；(5) 空間開放：處處是進修場所，處處可教學。

第四，教師應敏於察覺教學問題，進行教學上的「行動研究」（action research），一方面解決教學問題、增進教學效能，另方面促進教師專業發展。歐氏名言：「教師就是巴夫洛夫，不是巴夫洛夫的狗。」實有其深層的涵義。

第五，教師應訂定個人專業成長計畫，以作為有目標、有組織、有系統的學習與成長。例如：要增進素養導向教學，必須考慮：要看的書籍、參考的資料、諮詢人物、觀看錄影帶或觀摩教學，以及自己如何實施、如何進行學習評量等。

第六，教師應有寫省思札記的習慣。可以就某一段教學時間或者某一新式教學策略的運用，將所思、所想、所感、所作、所為，以及事實、推論等書寫下來，並與同事對話與討論，這樣不僅可以從經驗中學習，亦可以形塑自己的教學實踐智慧。

第七，教師應實施「同儕輔導」。同儕輔導是一種教師同儕工作

在一起，形成夥伴關係，透過共同閱讀與討論、示範教學，特別是有系統的教室觀察與回饋等方式，來彼此學習新的教學模式或者改進既有教學策略，進而提升學生學習成效、達成教學目標的歷程。這種專業成長模式對於提升教師教學、增進教師情誼，具有時代的意義。

第八，教師應實施「臨床視導」。透過臨床視導中的觀察前會談（即備課或說課）、教學觀察（即觀課）、回饋會談（即議課），來增進教與學的效能。

第九，教師應與師資培育機構建立夥伴協作關係。一方面，行有餘力可以擔任師資培育機構教材教法方面的授課教師，另方面與大學教師共同合作進行教學研究，共同撰寫研究報告，一起署名發表。

最重要的是，教師應體認自己才是教育改革方案的執行者，是教育改革成敗的關鍵人物，在教育改革過程中扮演最重要的角色。是故，教師應有「彰權益能」的理念，努力充實自我知能，發揮教師專業自主權，踴躍參與教育改革，主導教育改革的方向與趨勢。

五、對教學輔導教師的啟示

歐用生在教師專業的理念，對於教學輔導教師具有很大的啟示性。首先，「凡事豫則立，不豫則廢。」教學輔導要有成效，需先依學校發展與夥伴教師的需求，訂定教學輔導實施計畫，以作為有目標、有組織、有系統地協助夥伴教師學習與成長的依據。

教學輔導教師要有開放的心態，亦即：(1) 腦的開放：接受新的輔導觀念；(2) 心的開放：敞開心胸，接受夥伴教師的想法和意見；(3)

手的開放：參與學校在課程與教學上的革新與發展；(4) 門戶開放：打開教室，歡迎夥伴教師隨時來觀摩教學，來作專業對話；(5) 空間開放：與夥伴教師利用各種空間進行學習與對話。

教學輔導教師要敏於察覺夥伴教師的教學問題，並提供適時的協助解決。有時候夥伴教師並不知道自己的問題或者知道問題所在卻難以啟齒，這時教學輔導教師可以察言觀色，主動了解夥伴教師的困境並及時加以處理。否則，冰凍三尺，非一日之寒。屆時如果問題愈來愈嚴重，處理起來也會很棘手。

協助夥伴教師解決問題的一個好途徑，便是和夥伴教師進行協同式的行動研究。研究主題是夥伴教師待解決的教學問題。透過行動研究，夥伴教師的問題不但解決了，也可以讓其在過程中獲得專業成長，是一個很值得推動的教學輔導利器。

另外一個很適合教學輔導教師與夥伴教師互動的模式，便是「同儕輔導」。透過數個教學輔導教師與數個夥伴教師所組成的讀書會或社群，可以針對夥伴教師們的集體成長需求，來學習新的教學模式或者改進既有教學策略，進而提升夥伴教師所教導的學生之學習成效，也是一個很值得推廣的教學輔導模式。

在同儕輔導中，教學觀察與回饋是必要的組成要素。為提升同儕輔導的成效，建議除了研習與討論之外，可以先由教學輔導教師先做示範教學，然後再由夥伴教師進行教室教學。教學觀察之前，可以先實施共同備課或說課；教學觀察之後，宜實施專業回饋或議課活動。

在執行教學輔導實施計畫的過程或結束時，另一個很重要的活動便是檢討與省思，這時教學輔導教師可以撰寫「省思札記」，將輔導

歷程與結果的所思、所想、所感、所作、所為，以及事實、推論等書寫下來，並與校內教學輔導教師對話與討論，這樣不僅可以從經驗中學習，亦可以形塑自己的教學輔導實踐智慧。

六、結語

誠如吳明清（2019）所述，「歐老是實踐臺灣價值的典範」、「歐老是臺灣課程與發展的開拓者」、「歐老是小學師資培育的領導者」。歐用生春風化雨，桃李滿天下，其課程領域的成就，其師道精神，其在教師專業發展的思想，當可傳承後世，垂之永久。

參考文獻

吳明清（2019）。吳明清序。載於歐用生、章五奇（合著），黑暗中書寫：歐用生的學思旅程（頁 vii-xi）。臺北市：師大書苑。

歐用生、章五奇（2019）。黑暗中書寫：歐用生的學思旅程。臺北市：師大書苑。

歐用生（1996）。教師專業成長。臺北市：師大書苑。

12

陳伯璋　教育者之師

一、前言

陳伯璋先生（1948-2018）是淡泊明志、寧靜致遠的教育家。在國內教育社會學及課程領域，他是理論與實務經驗兼具之學者；在師資培育領域，他長期擔任公私立大學教育系所教授以及曾任國立花蓮師範學院校長、國家教育研究院籌備處主任，培育無數教育者，可說是「教育者之師」。另外他在師資培育與教師專業發展上有諸多理念，亦是值得教師們所學習的。茲先略述其生平事蹟，再說明其理念，最後再評述其生平事蹟與理念對教師專業的啟示。

二、生平簡述

依據魏柔宜（2010）與薛雅慈（2018）的敘述，陳伯璋先生的生平可以簡述如下：

（一）從小懂事，力爭上游

陳伯璋先生臺灣屏東縣人，生於民國 37 年（1948）9 月 29 日，父親陳錦文，受過日本時代高等科教育，任職臺灣糖業公司職員、農田水利會巡守員等工作，父親因屢換工作，不常在家，但對孩子的教育卻非常的關心。陳伯璋從父親的流動性格，以及多方嘗試的作風，學習到「從各個角度看事情」的態度。母親陳美女士，辛苦持家，為了貼補家計，曾四處打零工。母親不怨天尤人，靠自己養活孩子的堅強個性，讓先生相信，命運是自己可以掌握的。因此，他努力讀書，

力爭上游，並且從小就懂得幫母親分擔工作的辛勞。

1955 年，陳伯璋進入屏東潮州國小就讀，之後隨著父親的工作，轉學至屏東縣四林國小、屏東市大同國小與中正國小各讀一學年。1959 年，小學五年級，轉入高雄市鹽埕國小就讀。1961 年，考入高雄市立二中接受中等教育，因勤勉向上，品學兼優，1964 年考上第一志願的高雄中學。就學初中期間，遇到許多好老師，例如：教數學的陳博文老師、教國文的程度老師以及教音樂的蕭泰然老師；就學高中時期，教英文的傅建中老師、教數學的蔡自忠老師、教音樂的王先覺老師等，對於陳伯璋的學問與對音樂的喜愛有所啟迪。除了老師，雄中還有位特別值得一提的靈魂人物，那就是強調五育均衡發展的王家驥校長。

（二）就讀臺師大，悠遊學海

1967 年，陳伯璋高雄中學畢業後，以優異成績考上國立臺灣師範大學教育學系就讀，深受楊亮功、余書麟、雷國鼎、孫亢曾、賈馥茗、方炳林、黃堅厚、歐陽教等諸位老師之啟迪，學識益為精進，從事教育事業的心志彌堅。1971 年 9 月至 1972 年 7 月在臺東師範專科學校實習一年後，獲得臺師大畢業證書。1972 年服預備軍官役兩年，抽到「上上籤」——海軍陸戰隊。之後考上政戰官，改分發至左營的陸戰隊士官學校擔任教官至退伍。

1974 年 6 月與盧美貴女士（現為亞洲大學幼兒教育學系講座教授）結婚。同年 9 月，進入臺灣師範大學教育研究所碩士班就讀，期間因優異的學業成績與認真的工作表現，獲聘臺師大教育研究所專任

助理研究員。在當時的黃昆輝所長帶領下，養成優秀的學術研究能力，以及奠定教育研究方法論的扎實基礎。在碩士班修讀期間，在黃昆輝指導教授的悉心指導及圓融處世的身教薰陶下，1977 年獲碩士學位，並改聘爲師大教育系講師。黃昆輝教授可謂是陳伯璋教育生涯發展的貴人。

在臺師大就學期間，陳伯璋深感「成功的老師不是只教你知識、學問，而是給予學生爲人處世與道德風範的薰陶。」這種學習，陳伯璋將之稱爲「潛在課程」（hidden curriculum），也就是在一種潛移默化的環境中，師生互動後對學生的人格及行爲所產生的影響。

1978 年，陳伯璋繼續在臺灣師範大學教育研究所博士班深造，受到當年剛自美國取得博士學位返臺的黃政傑教授、臺師大教育系黃光雄教授，以及甫自日本留學回國的歐用生等課程學者的影響，確定以「潛在課程研究」作爲博士論文主題，並敦請教育社會學大師林清江教授擔任指導教授，於 1985 年 7 月獲得博士學位，8 月起改聘爲師大教育系副教授。

從大學起到就讀博士班，陳伯璋就經常到臺大旁聽各種課程，期間所聆聽的哲學、社會學等社會科學滋養了他爲人處事的批判精神，並結識了來自臺大、政大等跨校跨系所各路英雄好漢，組成「週末派」讀書會社群。「週末派」是一個以思想交流及社會現象批判與討論爲主的動腦型社群。週末派之對話性的思想交流，使其對社會、政治、經濟等整個文化系統有更深入、更全面性的關照，那是一段「竹林已成歷史，清談依舊在」的難忘跨界學習。

另外，陳伯璋就讀博士班期間，曾於 1980 年 8 月至翌年 7 月，

以交換學生身分，赴美國密蘇里大學教育研究所博士課程進修一年。1985 年 9 月，他以臺師大教育系副教授身分，獲得行政院國科會短期研究補助，赴英國倫敦大學教育研究所做訪問學者一年。留學期間，不但親身經歷學習了國際大學學府開放的學風與開闊的眼界，而且在課程與知識社會學獲得知識的前沿。

（三）作育英才，任教母校二十餘載

陳伯璋自 1977 年獲碩士學位，並改聘為臺師大教育系講師，至 2002 年 7 月從臺師大退休，任教臺師大二十餘載，在教學、研究、服務多所貢獻。在教學上，早期剛開始擔任講師時，系上安排他到教育系以外的系別，如體育系、音樂系、化學系、數學系等，教授「教育概論」、「中等教育」等，而有些特別的體驗。之後，除大學部的課程外，亦在研究所講授「教育改革的社會學分析」、「潛在課程研究」、「知識社會學與教育專題」等專業課程，深受研究生所喜愛，大家爭先選修，成為教研所的美談，對研究生思想的啟迪頗有貢獻。

在研究上，陳伯璋積極主持、參與各項專題研究，任教期間發表的中英文專書數十本以及學術論文近百篇，成為國內教育社會學及課程領域的傑出學者之一。由於陳伯璋溫文儒雅，待人親切，是非常可親近與令人尊敬的學者，筆者很榮幸在先生所主持、教育部所委託的「建構中央與地方課程教學輔導網絡專案」中，參與並負責專業組的工作，深感先生的人格特質與魅力。

在服務上，陳伯璋非常鼓勵學生多多參加社團活動，曾經帶領教育系「山地服務隊」的學生，到山裡的小學考察當地的教育狀況。此

外，其所指導過的碩博班研究生，除了他所任教的臺師大、花蓮師範學院、淡江大學、致遠管理學院、臺南大學之外，還有外校（如中正大學、東華大學、暨南大學、國立臺北教育大學）慕名而來的研究生。他認為對於不同質資的學生，要調整自己的教學語言、標準與方式，也就是「因材施教」，切不可放棄每一個學生。

（四）接掌臺師大進修部主任

陳伯璋先生在臺師大另一個傑出的服務工作，係接掌進修部主任共近六年。從 1988 年以副教授身分兼任臺師大進修部副主任，1989年改聘為主任至 1993 年。他在擔任進修部主任期間，不僅為各類教育人員提供各種進修管道，例如：學分班、巡迴班、夜間班、週末班等，學生人數一度曾超過四千人（比日間部多出一千多人），且有獨立的系主任及各行政單位，儼然一所小型的師範大學，成為臺師大的「金雞母」，對臺師大的財務改善及經費貢獻良多，也培養了他幹練的行政長才，為日後的行政要職奠定基礎。

（五）花蓮師院第一位遴選校長

屢辭不成的臺師大進修部主任一職，終於在 1993 年在三位教授競逐下遴選上國立花蓮師範學院校長時，臺師大校長才放行讓他另謀高就。

由於當時的花蓮師院規模太小，較缺乏競爭力，陳伯璋任內第一件事便是在有限的資源內增設系所，以慢慢調整師院的體質，在此一方面，他設立了國內第一所與教育有關的研究所「多元文化教育研

究所」，以及「民間文學研究所」。這兩個研究所並突破以往僅有碩士班的慣例，後來也增設了博士班。由於先生的努力，學生人數從原來的兩千人，增加爲三千人。此外，他還興建了一棟東部最大的體育館，並增建兩棟宿舍。

陳伯璋性格中批判、改革的那一面，在擔任花師校長期間展現無遺。他不僅藉由提倡學術研究，鼓勵教師出國進修、訪問，以改變校園「重教學、輕研究」的文化，甚至想到一個更徹底的方式：與國立東華大學併校。唯因校內一些資深教師及部分校友的反對，合校的阻力太大，在他任內無法順利推展。

在這段擔任花師校長的期間，除了校務，他還參與了兩件事：教育改革與石雕藝術推廣。在教育改革方面，1995 年受邀成爲行政院教育改革審議委員會委員，與諸多非師範體系的學者專家一同推動教育改革工作，其不僅在政策面，秉諸教育專業，有爲有守；在推動方案的建言上，也充分融入政策執行之中。1996 年行政院教改會任務結束後，他繼續追隨當時擔任九年一貫課程改革小組召集人的林清江部長，不斷推動課程改革工作，參與教改成爲他從理念到實踐的分水嶺。在石雕藝術推廣方面，他舉辦國際石雕大賽、推動石雕藝術推廣，成爲忙碌校務行政工作外的一個美的藝術饗宴。

（六）多元化的教育與社會服務

陳伯璋先生除了從事體制內的改革之外，對於體制外的改革也付出不少心力。先生自從英國進修返臺之後即開始推動「理念學校」（Ideal School）的志業。當人本教育基金會擬創辦森林小學，乃提

供其在英國所習得的「夏山學校」（Summerhill School）的理念與實踐經驗。之後，他曾協助與支持民間教改團體所創辦的「毛毛蟲學苑」（現種籽親子實驗小學）、「雅歌小學」、「慈心華德福中小學」等。一直到其後擔任國家教育研究院籌備處主任期間，更成立理念學校的平臺，建構理念學校的本土化運動。之後，對於臺灣另類教育暨實驗學會、臺灣創協會，以及道禾基金會之師培與實踐研究亦付出心力與支持。

此外，對於臺商子女教育問題以及與大陸的學術文化交流活動，先生亦不遺餘力。在 2000 年，受東莞臺商子弟學校之邀擔任文教董事。2007 年復被遴選為副董事長（創辦人暨董事長為東莞臺商協會葉宏燈會長），進一步參與核心決策、篳路藍縷的創校過程。他著力最多的除了課程規劃與師資培育外，更協助學校定期舉辦中小學教育研討會、兩岸青年訪問團，以及大陸各級領導訪問團等。另其所參與的各種海峽兩岸的課程領域研討會，也對大陸學術機構以及當地教育發揮正向的影響力。

（七）籌備國家教育研究院的成立

2001 年先生返臺師大教育學系任教，至 2002 年 7 月退休。退休後先應聘至淡江大學，擔任教育政策與領導研究所教授，暨高等教育研究中心主任，兩年後轉任淡江大學教育學院長至 2007 年 7 月。當年 8 月，應聘至致遠管理學院教育研究所，擔任講座教授至 2008 年 7 月。

2008 年 8 月先生借調擔任國家教育研究院籌備處主任。剛接下

籌備處主任時，即為自己定了一個終極目標：協助國家教育研究院正式成立。在他盡心盡力、排除萬難的努力下，「國家教育研究院」終於完成組織的法制化而能正式運作。當國教院正式成立後，當時前教育部吳清基部長力邀其擔任首任院長，但先生以「為而不有」、「成功不必在我」的心態婉拒而功成身退，這種淡泊寧靜、功成不居的作為，實是先生在教育事業中最好的寫照。

國家教育研究院除了既有的單位，還合併了原「國立編譯館」為「教科書研究中心」，原「國立教育資料館」為「教育資料中心」。在整併過程中，先生力求溫和與低調，不要對原單位的人員造成心理上的壓力與刺激。所幸在前教育部次長周燦德的積極協調下，得以順利完成。

除了正式成立國家教育研究院之外，先生規劃並推動了諸多具開創性的教育研究，例如規劃中小學課程發展之相關基礎研究，奠定十二年國教課綱研修的基礎；展開美學取向課程與教學之理論建構與應用研究，開創了課程研究的一個嶄新領域；執行理念學校之論述建構與實踐研究，倡議另類／實驗教育的發聲與發展。

（八）受聘臺南大學與法鼓文理學院

2010 年，先生卸下國家教育研究院籌備處主任後，隨即受聘到臺南大學教育系擔任講座教授，至 2015 年退休。五年期間以大學教育中的潛在課程、教育的想像與學校發展等主題進行多場專題演講，啟迪師生更豐富的心靈與更寬廣的視野。2015 年從臺南大學退休後應聘到法鼓文理學院，任人文社會學群群長，參與法鼓大學之籌設工

作。2017年因屆齡七十而從法鼓文理學院退休。2018年法鼓文理學院校慶時，獲頒榮譽教授聘書。

先生自法鼓文理學院退休後，已無教學與行政之羈絆，但對於各種教育志業的推動熱忱不減，舉凡參與民間教育實驗、臺商子弟學校校務推動、擔任國際學術會議主持人、專題演講等，依然活躍於教育界。不幸於2018年5月13日以心肌梗塞逝世於臺北，享壽七十一歲。

三、教育學說

先生在課程與教育社會學上有傑出的學術表現與論著，唯本文限於篇幅，把主題放在師資培育與教師專業發展上。

陳伯璋（1996）在〈教育改革與師資培育制度的省思〉一文中，指出在所有教育改革中，不管是民間或行政院教改會所倡議的，都發現其中關鍵的樞紐還是在於師資，尤其師資的素質是教育改革的成敗所繫。教師是理想與現實、理論與實務之間的轉化者。是故，要求高水準的師資培育是教育改革成功所必須的。

在師資養成教育階段，陳伯璋（1996）主張：(1) 師範生應全部自費，但增加獎助學金，成績好的，儘量給予獎助學金；(2) 一般大學、中學、小學、幼兒園師資既可以合流培養，師範校院師資當更應准予合流培養；(3) 師範校院招生可以考慮單獨招生，依性向與學力測驗，讓真正有志願的學生可以進入教育學程；(4) 三所師範大學可以發展以教育為主的綜合大學，師範學院調整為北、中、南、東各一所，成為中小學教育、學前教育及特殊教育合流培養的教育大學。

在實習階段，陳伯璋（1996）認為宜加強實習輔導、促進教學實質能力及提供客觀的實習表現評鑑是重要的工作，否則實習制度的功能就無法發揮。其次，教育實習以及分科教材教法的教師知能也須及早加以充實，可以透過臨床教授制度提供渠等在教學實務方面的知能與經驗。

在專業發展階段，陳伯璋有下列幾點主張（高薰芳，2004；陳伯璋，1996）：第一，中小學教師的進階分級制度有其可行性及相應的配套措施，使教師進修成為一個永續生涯規劃。第二，中小學本身應有作為研究者（teacher as researcher）的體悟，透過行動研究等，來建構自己的實踐智慧。第三，讓教師之間與同儕之間彼此相互關照，讓教學以及教學成長過程是一種生命意義的提升。第四，強化教師進修機構，讓進修部有固定的員額編制。第五，加強進修機構的多樣性，讓師範校院，以及一般大學師資培育中心皆應負起教師進修的責任。第六，各縣市應普設教師研習中心。它可以辦理短期的進修研習，分擔大學或師範校院進修方面的工作負擔。第七，加強教師自主導向的專業發展，可以讓教師「彰權賦能」（teacher empowerment），自己規劃進修與成長課程或方案。

最後，陳伯璋（1996）指陳教師專業化固然重要，但是教師專業的建立有賴教育學體系的建構。教育學術本身體系的建立，包括方法論及概念的澄清，無論是實證研究或質的研究都應建立自己的品牌。教育學不應引用太多其他學術研究的典範及成果，甚至全盤從西方移植過來，並沒有發展自己本身的、屬於中國文化的、屬於本土的學術探討。

四、對教師專業的啟示

　　綜觀陳伯璋先生的事蹟與理念，有許多值得臺灣教育界，特別是老師們學習的地方。首先，對師資培育機關而言，鑑於教師生涯進階制度的重要性，教育部師資培育及藝術教育司宜早日規劃並執行。教師生涯進階制度早已在 2012 年明訂於《中華民國師資培育白皮書：發揚師道、百年樹人》（教育部，2012）之中，唯十年的時間快過去了，教育部師資培育及藝術教育司在這一方面並沒有任何的作為，實在令人失望。在此，建議教育部可在教學輔導教師的基礎下，上設「研究教師」（如臺北市在 107 學年度所開始推動實施的制度），成為「（一般）教師、教學輔導教師、研究教師」三級制。若三級制可行，則教育部或可進一步規劃推動「初任教師、中堅教師、教學輔導教師、研究教師」之四級制教師生涯進階制度。

　　在師資培育上，教育部宜鼓勵師範校院中小學師資合流培育，並在現行自費為主的制度下，廣設獎助學金，一方面給予師資生就讀的誘因，另方面獎補助表現優異及家境清寒的師資生。另外，宜加強教育實習輔導制度，以增強師資生的教學能力。教育部在這方面的投資應該會對師資素質的提升有所助益，而師質素質才是教育改革的關鍵樞紐。

　　在教師進修上，教育部宜給予師範校院進修部員額編制，並補助各縣市皆能有如臺北市政府教育局一般，普遍設有正式員額編制的教師研習中心。另外，對於教師研習課程應依不同層級教師的需求，而有全面性、系統性的規劃，例如：對於初任教師宜加強班級經營與親

師溝通；對於中堅教師宜加強行動研究與課程設計；對於教學輔導教師宜加強夥伴協作與教師領導；對於研究教師宜加強研究團隊的帶領以及學校決策的參與。

對於師資培育機構而言，宜實施臨床教授制度，以加強教育實習以及分科教材教法的教師在教學實務方面的知能與經驗。另外，宜和實習學校建立起夥伴協作的關係，一方面協助實習學校改善課程教學與專業發展，另方面藉由夥伴協作提升教育實習的品質。

更重要的是師資培育的學者們，要致力建構教育學體系。教育學應有自己的品牌，應有自己的科學系統與內涵，不應引用太多其他學術研究的典範及成果，甚至全盤西化。有了完整而且內涵充實的教育學體系，才能傳遞給師資生，並且協助教師專業化。教師能夠專業化，才是教師生存與發展之道。

對於現代教師，陳伯璋先生的事蹟與理念有更多的啟示：

第一，教師應肯定作為教師的意義與價值，因為好老師是永遠令人懷念的，就好像陳伯璋生前念念不忘其恩師一樣。作為好老師雖然沒有物質的富貴，但是精神的富貴是永遠不會缺乏的，這也是「師道」精神的所在。

第二，現代老師要有批判改革，作為「轉化型知識分子」的理想。教師不應保守現狀，不應只是「教書匠」。教師要能理解學生學習失敗常起因於社會的不公平。因此，要肯定學生的特質，要幫助學生自我認同，並致力於消除社會的不平等。教師的角色就類似一個社會的改革者，即轉化型的知識分子。

第三，教師要因材施教，不放棄每一個學生。每個學生都是獨特

的個人，都有其不同的學習風格與學習需求。是故，對於不同的學生，教師要使用不同的教學內容、教學方法與學習評量方式，讓每個學生都能適性揚才的發展。

第四，教師應善用「潛在課程」，而最好的潛在課程便是教師為人處世與道德風範的薰陶，這會對學生的人格及行為產生莫大的影響。其次，教師亦可透過學習環境的安排、班級氣氛和文化、學生同儕文化、教師期望、師生互動等，對學生的學習產生潛移默化的作用。

第五，教師的成長方式，除了自主成長之外，亦可透過專業學習社群的方式，進行團隊式的成長。就像，陳伯璋先生在「週末派」的思想交流中，使其對社會、政治、經濟等整個文化系統有更深入、更全面性的關照，教師們亦可在專業學習社群中，一方面習得與建構教師團體的實踐智慧，另方面增進教師的情誼。

第六，教師應進行行動研究，建構個人的教學實踐智慧。教師所進行的行動研究，固然可以是個人式的，更可以是夥伴協作式的，甚至是學年、領域或跨學年、跨領域的。總之，教師應是巴夫洛夫（著名古典制約學習理論的研究者），不應是巴夫洛夫的狗（古典制約學習理論的被研究對象）。

第七，教師應是教育改革的參與者，而不是教育改革的對象。長期以來，教師成為教育改革的對象，使得教師專業受到很大的傷害。現代的教師應覺醒起來，作為教育改革的主體，不但能在教師團體中建立起自我改革的機制，而且能參與、主導教育改革的發展趨勢，這才是現代教師的理想圖像，也才符合教師彰權益能的時代意義。

第八，教師應實施多元化的服務。在校內，教師不能僅以教學為既足，還需要能輔導學生與進行研究，蓋教學、輔導與研究本來就是教師應有的職責。如行有餘力，便可如同陳伯璋先生一樣，能進行多元化的服務。例如：帶領學生進行校外服務學習、擔任國教輔導團團員、參與教科書的編輯與撰寫等。

最後，教師應有「淡泊以明志，寧靜而致遠」的胸懷。以溫合理性的態度，盡心盡力參與學校的革新與發展，而有所作為。但事成之後，為而不有，把功勞讓給別人。這種不居功、成功不必在我之為人處世態度，是令人十分尊敬的。

五、對教學輔導教師啟示

陳伯璋先生的事蹟與理念，對於教學輔導教師頗有啟示性。其中尤以「淡泊以明志，寧靜而致遠」、「為而不有」、「成功不必在我」的胸懷是很值得學習的。筆者觀察到許多教學輔導教師，亦有類似的胸懷，他們淡泊名利，默默地服務夥伴教師，以夥伴教師的成長為榮，並且不居功，他們是學校的中堅，是校內教師學習的榜樣。

作為教學輔導教師要肯定「薪火相傳」、「貴人啟導」的價值。就好像陳伯璋先生在求學與服務的過程中，會遇到許多貴人相助一樣，教學輔導教師作為夥伴教師的貴人，是很具有生命意義的。另「薪火相傳」本就是我國的優良傳統價值，很有必要經由教學輔導教師制度加以弘揚。

陳伯璋先生「潛在課程」的理念很值得教學輔導教師加以善用。

潛在課程是一種較不明顯、不被公開表明的教育措施或學習結果，如潛移默化的身教、實際經驗或態度的傳承等，其效用不亞於正式的教學輔導活動。

陳伯璋先生在「週末派」讀書會的經驗，也是值得加以借鏡的。這一點，據筆者的觀察，許多教學輔導教師都有實際地在進行，他們會與夥伴教師們組成讀書會或專業學習社群，來進行研討、對話、分享、反思，來學習新的教學策略，來建構集體的教學智慧。

陳伯璋先生主張「教師即研究者」是一個很好的理念。同理，教學輔導教師既是教學輔導者，也應是研究者，可以多從事教學輔導方面的行動研究，如此，教學輔導教師不只可以傳遞知識，更可以協助建構知識。

一位優秀的中小學教師在其生涯發展中，並不一定要侷限於教學工作，當建構了成熟的教學智慧，他可以申請當教學輔導教師，進而申請當研究教師，一方面，為自己開拓生涯進階的機會，另方面為學校的革新與發展盡更多教師領導方面的責任。此外，除了教自己的學生之外，亦可以到師資培育機構兼課，當師資培育機構的「臨床教授」，如此將可開展教師發展的無限潛能。

六、結語

陳伯璋先生誠為教育者之師。先生不僅在師資培育與教師專業發展上有傑出的貢獻，他在教育社會學、課程改革、教育改革、實驗教育的理論與實踐，亦同有成就。哲人已逝，但他的崇高教育人格風範，應能永垂教育界，成為教育者共同努力學習的典範。

參考文獻

高薰芳（2004）。追求生命意義的教師專業發展──專訪淡江大學
　　教育學院院長陳伯璋教授。**教育研究月刊，126**，99-105。

陳伯璋（1996）。教育改革與師資培育制度的省思。**師大校刊，**
　　299，22-27。

教育部（2012）。**中華民國師資培育白皮書：發揚師道、百年樹人**。
　　臺北市：教育部。

薛雅慈（2018）。陳伯璋講座教授行誼。載於李文富、薛雅慈（主
　　編），**寧靜致遠──教育改革的推手**（頁 32-39）。臺北市：財
　　團法人東莞台商育苗教育基金會。

魏柔宜（2010）。**寧靜致遠──教育者之師陳伯璋**。臺北市：寶瓶
　　文化。

國家圖書館出版品預行編目資料

臺灣現代教育家的故事：兼論對教師專業與教
學輔導教師的啟示／張德銳著. -- 初版.
-- 臺北市：五南圖書出版股份有限公司，
2021.09
　面；　公分
ISBN 978-626-317-100-8（平裝）

1.教育家　2.臺灣傳記

520.9933　　　　　　　　　110013480

114R

臺灣現代教育家的故事
兼論對教師專業與教學輔導教師的啟示

作　　者 ― 張德銳（220）

發 行 人 ― 楊榮川

總 經 理 ― 楊士清

總 編 輯 ― 楊秀麗

副總編輯 ― 黃文瓊

責任編輯 ― 李敏華

封面設計 ― 王麗娟

出 版 者 ― 五南圖書出版股份有限公司

地　　址：106台北市大安區和平東路二段339號4樓

電　　話：(02)2705-5066　　傳　　真：(02)2706-6100

網　　址：https://www.wunan.com.tw

電子郵件：wunan@wunan.com.tw

劃撥帳號：01068953

戶　　名：五南圖書出版股份有限公司

法律顧問　林勝安律師事務所　林勝安律師

出版日期　2021年 9 月初版一刷

定　　價　新臺幣350元

經典永恆・名著常在

五十週年的獻禮——經典名著文庫

五南，五十年了，半個世紀，人生旅程的一大半，走過來了。

思索著，邁向百年的未來歷程，能為知識界、文化學術界作些什麼？

在速食文化的生態下，有什麼值得讓人雋永品味的？

歷代經典・當今名著，經過時間的洗禮，千錘百鍊，流傳至今，光芒耀人；

不僅使我們能領悟前人的智慧，同時也增深加廣我們思考的深度與視野。

我們決心投入巨資，有計畫的系統梳選，成立「經典名著文庫」，

希望收入古今中外思想性的、充滿睿智與獨見的經典、名著。

這是一項理想性的、永續性的巨大出版工程。

不在意讀者的眾寡，只考慮它的學術價值，力求完整展現先哲思想的軌跡；

為知識界開啟一片智慧之窗，營造一座百花綻放的世界文明公園，

任君遨遊、取菁吸蜜、嘉惠學子！